Eberle-Güceli • Britta Kanacher
Integration trifft Qualität.

Funda Eberle-Güceli
Britta Kanacher

Integration trifft Qualität

Ein nachhaltiges Integrationskonzept

Hrsg. von
B&B Verlag für Sozialwirtschaft
in Kooperation mit
KCI – Kompetenz Center Inklusion(-ismus)

Grußworte der Herausgeber

Nimmermehr sind die Begriffe Qualität, Qualitätssicherung und Qualitätsmanagement ausschließlich auf die Welt der Technik begrenzt. Der internationale Standard für Qualitätsmanagementsysteme, die DIN EN ISO 9001 wurde im Jahr 2000 reformiert, um neuen Anwendungsbereichen gerecht zu werden. In 2015 trat eine Revision dieser Norm in Kraft.

Seit längerer Zeit hält das Qualitätsmanagement Einzug in fast allen politischen und gesellschaftlichen Bereichen:

- Zum lückenlosen Nachweis der Herkunft und Verarbeitung von Tierprodukten fordert der Verbraucherschutz heute Qualitätssicherungssysteme von Produzenten und Handel.

- Die Gesundheitspolitik hat Qualitätsmanagementsysteme in Krankenhäusern, Arztpraxen etc. zur Vorschrift gemacht. Ebenso ist der Qualitätsanspruch an die Pflege und Betreuung von Menschen durch das Pflegequalitätssicherungsgesetz rechtlich manifestiert. Die politische Forderung nach Qualitätsmanagementsystemen reicht tatsächlich vom Altenheim bis zur Kindertagesstätte.

Macht die Übertragung einer aus der freien Wirtschaft stammenden Managementtechnologie auf Bereiche der Gesundheits- und Sozialpolitik wirklich Sinn?

Assoziiert man mit Qualität Zielorientierung, Nachhaltigkeit, Effektivität und Überprüfbarkeit, so sind gerade in diesen sensiblen Bereichen Qualitätsmanagementsysteme als unbedingt notwendig zu erachten.

Das vorliegende Buch widmet sich dem Themenkomplex *Qualität in der Interkulturellen Arbeit*. Dabei wird die DIN EN ISO 9001:2000 sehr anschaulich dargelegt und die Anwendbarkeit der Normforderungen auf die Integrationsarbeit erörtert. Die Abschnitte der Norm werden jeweils einzeln behandelt und direkt auf die Interkulturelle Arbeit übertragen. Dadurch zieht sich der Transfer eines Qualitätsmanagementsystems auf die Integrationsarbeit als roter Faden durch die gesamte Abhandlung.

Die beiden Autorinnen, Dr. Britta Kanacher und Funda Eberle-Güceli, geben mit ihrer Arbeit den Startschuss für die Betrachtung notwendiger Integrationsarbeit in Deutschland unter dem Gesichtspunkt des Qualitätsmanagements. Ich bin mir sicher, dass dieses Buch bei allen Beteiligten der Integrationsarbeit bzw. der Interkulturellen Arbeit auf größtes Interesse stoßen wird und eine weiterführende Diskussion entfacht.

Dipl.-Kfm. Ulli Braun

(B&B Verlag für Sozialwirtschaft GmbH)

Seit vielen Jahren beschäftige ich mich mit Interkultureller Arbeit. Als Dozentin für Interkulturelle Kompetenz ebenso wie als Leitung meines Unternehmens KCI – Kompetenz Center Inklusion(-ismus).

Mit großer Freude und mit viel Engagement habe ich mich dem Projekt der Darlegung der Anwendbarkeit der DIN EN ISO 9001:2000-Norm auf die Interkulturelle Arbeit gewidmet. Ich danke Herrn Braun für die gute Zusammenarbeit und die Möglichkeit, das Ergebnis in der vorliegenden Form der Öffentlichkeit präsentieren zu können.

Integration und die dazugehörige Integrationsarbeit benötigt ein Konzept, welches umsetzbar ist und die Qualität der Integrationsarbeit sichert – hierfür scheint die Einführung eines Integrationsqualitätssicherungsgesetzes (ähnlich dem Pflegequalitätssicherungsgesetz) sinnvoll. Dies anzuregen war und ist meine Motivation.

Die Arbeit meines Unternehmens hat sich über die Interkulturelle Arbeit hinaus erweitert, weshalb aus KCI als Kompetenz Center Interkulturelles nun KCI als Kompetenz Center Inklusion(-ismus) wurde.

Zweck des Bildungs- und Projektbüros ist die ideelle und finanzielle Förderung von *Inklusion(-ismus):* Inklusionismus steht für eine „neue" Art des Denkens und Handelns, mit der die Gleichstellung von Menschen unterschiedlichster Merkmale in Wirtschaft und Gesellschaft erreicht werden kann. Konkret geht es darum, dass *alle* Personengruppen mit Verantwortung, in *allen* Politik-, Gesellschafts- und Lebensbereichen, die Interessen und Belange unterschiedlichster Klientel zukünftig berücksichtigen.

Inklusion (lat. *inclusio* = „Einschluss") bedeutet in gehobener Bildungssprache so viel wie Einschluss, Einbeschlossenheit, Dazugehörigkeit. Ein „-ismus" steht für ein Wortbildungselement, welches ideologische, kulturelle oder ähnliche Richtungen kennzeichnet.

Die moderne und globalisierte Gesellschaft in Deutschland sollte vom Zerrbild vermeintlicher Homogenität zur Akzeptanz der Heterogenität gelangen – dies über den Prozess und das Leitbild des Inklusionismus. **KCI** möchte „einschließendes" Denken und Handeln in der breiten Bevölkerung etablieren.

Mit der hier vorgelegten Veröffentlichung gelingt vielleicht im ersten Schritt Inklusionismus hinsichtlich eines nachhaltig friedlichen Miteinanders von Menschen mit und ohne Zuwanderungsgeschichte. Dies wäre ein großer Schritt!

Dr. Britta Kanacher

Inhalt

Vorwort

Ende 2014 lebten 8,152 Millionen Menschen mit ausländischem Pass in der Bundesrepublik. Darunter 1,527 Mio. Menschen aus der Türkei (etwa 19 %, Prozentzahlen jeweils bezogen auf den Anteil an der ausländischen Bevölkerung), 674 152 Bürger aus Polen (etwa 8,2 %) , 574 530 Italiener (etwa 7 %), 355 343 Menschen aus Rumänien (etwa 4,3 %), 328 564 aus Griechenland (etwa 4,0 %), 263 347 mit kroatischem Pass (3,2 %), 221 413 Menschen mit russischer Staatsbürgerschaft (etwa 2,7 %), 202 195 aus Serbien (etwa 2,5 %), 184 662 Menschen aus dem Kosovo (etwa 2,3 %), 183 263 aus Bulgarien (etwa 2,2 %) und andere.

Noch 2004 waren über 50 % der in der Bundesrepublik lebenden Menschen mit ausländischem Pass aus den ehemaligen Anwerbeländern. Durch erleichterte EU-Binnenmigration und verstärkte Asylzuwanderung hat sich dieser Anteil jedoch im Verhältnis zur Gesamtzahl der Ausländer merklich verringert. Einen detaillierten Überblick ermöglichen die seit einigen Jahren jährlich vom Bundesamt für Migration und Flüchtlinge (BAMF) veröffentlichten Migrationsberichte der Bundesregierung.

Setzte sich anfangs die ausländische Bevölkerung der Bundesrepublik Deutschland fast ausschließlich aus männlichen „Gastarbeitern" mit befristetem Aufenthalt in der Bundesrepublik zusammen, so veränderte der vermehrte Zuzug von Frauen und Kindern dieses Bild. Aus der männlichen Arbeiterschaft entwickelte sich die „ausländische Wohnbevölkerung" mit dem Wunsch nach dauerhaftem Bleiberecht. Hieraus ergibt sich die Notwendigkeit von Maßnahmen zur Integration dieses Personenkreises.

Neben den insgesamt 8,1 Mio. Menschen mit ausländischem Pass muss auch die Gruppe der „Fremden" mit deutschem Pass beachtet werden. Dem Zuzug von 4,4 Mio. Spätaussiedlern, der vor allem in den 90er Jahren statt fand, wurde ähnlich wie dem der ausländischen Arbeitskräfte kein Integrationsproblem zugeordnet. Dieses Problem ist inzwischen erkannt und wird allmählich bearbeitet.

In den Migrationsberichten wird seit einigen Jahren hervorgehoben, dass Deutschland zurzeit gleichermaßen Einwanderungs- und Auswanderungsland ist. Die gegenwärtigen Zahlen bieten, auch wenn dies in den Medien häufig anders dargestellt wird, letztlich keinen Anlass für aufgeregte Diskussionen. „Nachdem im Jahr 2006 mit etwa 662 000 Zuzügen die niedrigsten Zuwanderungszahlen seit der Wiedervereinigung registriert wurden, war in den Folgejahren wieder ein Anstieg der Zuzugszahlen festzustellen. Von 2012 auf 2013 wurde ein Anstieg von etwa 13 % auf 1,23 Millionen Zuzüge registriert. Eine derartig hohe Zuwanderungszahl war zuletzt im Jahr 1993 zu verzeichnen. Gleichzeitig stieg aber auch die Zahl der Fortzüge im Vergleich zum Vorjahr um 12% auf 800 000 Fortzüge an. Dadurch ergab sich im Jahr 2013 ein Wanderungsgewinn von *430 000* Menschen (Wandersaldo 2012: + 369 000). ... Im Jahr 2013 wurden 109 580 Asylanträge registriert." (Migrationsbericht 2013, S. 8)

In 2013 wurden gleichzeitig 682 069 Menschen in Deutschland geboren und 893 825 verstarben. Dies ergibt ein Minus von 211 756 Menschen, dem ein Plus von 430 000 Zuwanderern gegenüber steht – letztlich also ein Plus von *218 244* Menschen. Die Existenz von etwa 15 % Mitbürgern mit Zuwanderungsgeschichte (mit und ohne deutschen Pass) verdeutlicht jedoch die Notwendigkeit von integrierenden Maßnahmen. Dies umso mehr, da dieser prozentuale Anteil auf Grund der demographischen Gegebenheiten weiter wachsen wird.

Viele ausländische Mitbewohner sind hier, weil Deutschland sie als Arbeitskräfte gebraucht und mit Anwerbeverträgen ins Land geholt hat. Viele von denen, die als Arbeiter gekommen sind, haben ihre Familien nachkommen lassen und haben hier eine zweite, wenn nicht gar ihre Wahlheimat gefunden. Sie sind ein bleibender Bestandteil der deutschen Gesellschaft. Daneben haben der Zuzug von (Spät-)Aussiedlern und die Erkenntnis, dass diese Menschen zwar deutscher Abstammung sind, aber dennoch nicht ohne Integrationsprobleme hier leben, dazu geführt, dass die gesellschaftspolitische Notwendigkeit von Integrationsarbeit gesehen wird. Zwischen 1950 und Juni 2014 sind 4,4 Millionen Deutsche aus ihren Heimatgebieten in Mittel- und Osteuropa nach Deutschland eingereist. Eine zurzeit wachsende Asyl-Zuwanderung rückt die Notwendigkeit von qualitativ hochwertiger Integrationsarbeit weiter ins Zentrum des Interesses. Sicherlich wird der größte Teil der gegenwärtigen (und zukünftigen) Asylsuchenden wieder in ihre Heimatländer zurückkehren – dies sofern die dortige Situation dies zulässt. Dennoch ist davon auszugehen, dass nicht wenige bleiben und ihre Familien nachholen werden. Dies, sowie die demographische Notwendigkeit der Einwanderung, richten den Fokus auf die Zuwanderungs- und Integrationspolitik.

Die zielorientierte Zuwanderungs- und Integrationspolitik bzw. die konkrete Zuwanderungs- und Integrationsarbeit ist ein gesellschaftspolitisch notwendiges und vielfach diskutiertes Betätigungsfeld. Die Politik setzt dennoch nur zögerlich Rahmenbedingungen, die konstruktiv und qualitativ hochwertig genutzt werden können. Die Bundesregierung tat sich mit dem Zuwanderungsgesetz (Bundesgesetz mit vollem Titel: Gesetz zur Steuerung und Begrenzung der Zuwanderung und zur Regelung des Aufenthalts und der Integration von Unionsbürgern und Ausländern), das erst seit Januar 2005 Gültigkeit hat, sehr schwer. Ebenso tat sie sich schwer mit der Umsetzung der beiden von der EU formulierten Richtlinien: „Zur Anwendung des Gleichbehandlungsgrundsatzes ohne Unterschied der Rasse oder der ethnischen Herkunft" sowie „Zur Festlegung eines allgemeinen Rahmens für die Verwirklichung der Gleichbehandlung in Beschäftigung und Beruf". Integrationsarbeit braucht jedoch gesetzliche Rahmenbedingungen und ein Konzept, welches Nachhaltigkeit und Qualität sichert und dabei auch der "nachholenden Integration" gerecht wird.

Aufgaben und Möglichkeiten der Integrationsarbeit sollten so benannt und dargelegt werden, dass Politik, Wirtschaft, Bildung sowie Soziale Arbeit sich hieran orientieren können.

Aus diesem Grund wurde in der vorliegenden Darlegung ein Qualitätsmanagementsystem als Instrument zur qualitativen Verbesserung hinsichtlich interkulturell orientierter Integrationsarbeit entsprechend bearbeitet bzw. ausformuliert.

In der folgenden Abhandlung wird das Augenmerk auf die DIN EN ISO 9001:2000 gerichtet. Dieser Normtext wird durchleuchtet, wobei insbesondere die Forderungen der Norm unter die Lupe genommen werden. Da die Norm jeder Branche gleichermaßen gerecht werden will, kann sie in ihrer Sprache nicht auf Besonderheiten einzelner Unternehmenszweige eingehen.

Aus diesem Grund finden Sie nach den Ausführungen zum Normtext die jeweils spezifische Übertragung auf interkulturell orientierte Zusammenhänge. Diese sind ausschließlich als beispielhafte Schilderungen zu werten. Eine allumfassende Darlegung hinsichtlich aller im interkulturellen Kontext möglichen Gesichtspunkte ist nicht möglich.

Dennoch erhalten Sie mit der vorliegenden Handreichung zwei Informationszusammenhänge: Einerseits birgt die Darlegung die vereinfachte prozessorientierte Norm, welche auf jedes Unternehmen übersetzt werden kann. Somit kann jeder am Qualitätsmanagementsystem interessierte Leser im ersten Schritt den theoretischen Normtext durchdringen. Dieser kann dann, im zweiten Schritt, für die eigene, interkulturell ausgerichtete Problematik einer Einrichtung, praxisorientiert mit Leben gefüllt werde.

Um eine Orientierung leichter zu gewährleisten, sind die interkulturell ausgerichteten Ausführungen in vier Sparten unterteilt.

Diese sind:

- Politik,
- Wirtschaft, Unternehmen,
- Bildung und
- Dienstleistung

Hierbei wird unter Dienstleistung sowohl der Bereich der Sozialen Arbeit als auch der Bereich öffentlicher Verwaltung verstanden.

A Qualität und Interkulturelle Arbeit

1. QM für interkulturelle Arbeit

1.1. Was ist Qualität?

Qualität, Qualitätssicherung, Qualitätsmanagement – all diese Begriffe scheint jeder zu kennen. Fast wie eine Modeerscheinung sind sie in aller Munde.

Ursprünglich brachte man Qualität mit dem produzierenden Gewerbe in Zusammenhang. So stand „Made in Germany" für gute Qualität. Heute steht Qualität für weitaus mehr als eine Gütebezeichnung aus der Produktion. Das Streben nach Qualität ist auch für den Dienstleistungssektor von enormer Bedeutung. Nach dem Motto: „Was für die Produktion gut ist, kann für den Dienstleistungssektor nicht schlecht sein."

Was aber versteht man nun unter Qualität?

Hierzu gibt es eine Definition aus der Norm DIN EN ISO 9000:2000:

> Grad, in dem ein Satz inhärenter Merkmale Anforderungen erfüllt.

Was genau bedeutet das?

Es geht zunächst einmal um Merkmale, die Anforderungen erfüllen. Inhärent bedeutet „einer Einheit innewohnend", insbesondere als ständiges Merkmal. Jeder, der eine Leistung erbringt, sei es die Produktion von irgendwelchen Konsumgütern oder die Vermittlung von Bildung, hat Anforderungen zu erfüllen, die an seine Leistung gestellt werden. Der Empfänger der Leistung ist der Kunde. Er stellt die Anforderungen, und er entscheidet letztlich über deren Erfüllung. Der Grad, in dem diese Anforderungen erfüllt werden, sagt etwas darüber aus, ob es sich um „gute Qualität" oder um „schlechte Qualität" handelt. Wenn Sie nun beim Bäcker Brötchen kaufen mit dem Gedanken, dass diese frisch gebacken, kernig und knusprig sein sollen, und zu Hause stellen Sie fest, dass die Brötchen hell und weich sind, dann sind Ihre Anforderungen nicht erfüllt, und Sie werden den Bäcker möglicherweise nicht weiterempfehlen. Ein anderer Kunde mag vielleicht keine knusprigen Brötchen und wird von der hervorragenden Qualität dieser zarten, weichen Brötchen schwärmen.

Es wird immer verschiedene Anforderungen geben, die an eine Leistung gestellt werden. Eine Aufgabe des Qualitätsmanagements ist es, Kunden als solche zu erkennen, deren Anforderungen zu ermitteln und im Idealfall auch zu erfüllen.

Der zielgerichtete, systematisch kombinierte Einsatz von Managementfunktionen ist *Qualitätsmanagement*. Hierzu gehört die Analyse, die Planung, Organisation, Durchsetzung und Kontrolle von Maßnahmen, die dazu befähigen, zufriedene Kunden zu erhalten.

1.2. Warum QM für interkulturelle Arbeit?

Die Entscheidung für ein Qualitätsmanagementsystem sollte aus einer strategischen Überlegung heraus erfolgen. Qualitätsmanagement ist nicht auf Kurzfristigkeit angelegt. Vielmehr bedeutet Qualitätsmanagement eine dauerhafte, also langfristige Bemühung um Transparenz und Verbesserung.

♦ Der Entschluss, ein Qualitätsmanagementsystem hinsichtlich der gesellschaftlich notwendigen interkulturellen Integrationsarbeit zu durchleuchten, ergab sich aus der vielfach formulierten Forderung nach Qualitätssicherung in der interkulturellen Bildungs- und Sozialarbeit. TeilnehmerInnen von Bildungsmaßnahmen, welche sich mit interkulturellen Kontexten beschäftigten, fragten nach der Messbarkeit inhaltlicher Qualität. Die Angebotspalette von interkulturelle Kompetenz vermittelnden Seminaren ist enorm groß, jedoch ist deren Qualität bislang nicht prüfbar.

In ähnlicher Weise hinterfragen Träger sozialer Einrichtungen ihre Angebote, da diese von Migrant-Innen bzw. von Menschen mit Zuwanderungsgeschichte nur zögerlich angenommen werden. Im diesem Zusammenhang kam die Frage auf, ob die Angebote dieser Einrichtungen für Migrantinnen und Migranten entsprechend kundenorientiert gestaltet sind.

Daneben ist bekannt, dass in Wirtschaft und Verwaltung pro Jahr zwischen 120 und 150 Milliarden Euro für unsinnige Projekte verschwendet werden. Auch wenn in der Studie des Münchner Betriebs-wirtschaftsprofessors Manfred Gröger, durch welche die genannten Zahlen ermittelt wurden, interkulturell ausgerichtete Maßnahmen nicht explizit untersucht wurden, so ist davon auszugehen, dass auch in diesem Bereich vor allem Steuergelder nicht immer sinnvoll eingesetzt werden.

Die genannten Kontexte führten zu der Überzeugung, dass eine langfristig notwendige und nachhaltig wir-kende Integrationsarbeit eines Qualitätsmanagement-systems bedarf.

Politik, Wirtschaft bzw. Unternehmen, Bildung und Dienstleistung können in ihrer Wirksamkeit als Teile der öffentlichen Daseinsvorsorge gewertet werden. Insofern sollten sie mit ihren Angeboten der gesamten Bevölkerung, auch den Menschen mit Zuwanderungs-geschichte, offen stehen. In diesem Sinne erscheint eine interkulturelle Öffnung dieser Bereiche als strategische Überlegung notwendig, um ein dauerhaftes friedliches Miteinander aller zu ermöglichen. Diese Feststellung untermauert die Forderung nach einem Qualitäts-managementsystem hinsichtlich der Integrationsarbeit. Als überschaubares Instrument erscheint die ISO

9001:2000 hierfür besonders geeignet, wie die folgenden Ausführungen belegen sollen. Seit 2015 hat eine Revision dieser Norm, die ISO 9001:2015, Gültigkeit. Durch die Revision sollten Probleme in der Umsetzung der Norm behoben werden. Da jedoch keine relevanten anwendungsorientierten Veränderungen vorgenommen wurden, erscheint es sinnvoll, die in der Erstausgabe dieses Buches gewählte Darstellung beizubehalten. Hierbei können die allgemein bzw. beispielhaft gehaltenen Aussagen bei einer späteren Umsetzung in Unternehmen, Institutionen oder Verwaltungen konkretisiert werden.

Die Implementierung eines Qualitätsmanagementsystems bringt viele Vorteile und birgt Chancen für ein Unternehmen. Die Durchleuchtung der Abläufe auf Effektivität und Effizienz bringt oftmals ein bisher unerkanntes Potenzial zum Vorschein.

Einerseits gilt es, im Kontext interkultureller Öffnung z. B. deutlich zu machen, dass sich auch Personenkreise, die mit Sozialer Arbeit erreicht werden sollen, als "Kunden", und dementsprechend soziale Angebote der Träger als "Produkte" definiert lassen. Angebote für MigrantInnen als "Kunden" sollten jedoch auf deren Bedürfnisse, die erkannt und dargelegt werden sollten, zugeschnitten sein.

Andererseits werden in der interkulturell orientierten Arbeit viele Steuer- und Projektgelder eingesetzt, wobei die Qualität der Programme und Projekte sowie das Erreichen ihrer Zielgruppe nicht oder nur wenig nachvollziehbar gewährleistet ist. Hier kann ein Durchleuchten der Abläufe hinsichtlich Effektivität und Effizienz bislang unerkannte Potenziale offen legen.

2. Die Normenreihe DIN EN ISO 9000:2000 Reihe

2.1. Was ist die ISO 9000:2000 Reihe?

Die Entwicklung des Qualitätsmanagements hat ihren Ursprung in der Automobilbranche. Mit der DIN EN ISO 9000 Familie wurde eine Normenreihe geschaffen, die sich mit der Einführung von Qualitätsmanagementsystemen befasst.

DIN: Deutsches Institut für Normung e. V.

EN: Europäische Norm

ISO: International Organization of Standardization

Erste Normen für Qualitätssicherung wurden in den 80er Jahren erarbeitet, wobei diese ersten Normen noch sehr stark an Produktionsbetrieben orientiert waren. Als Beispiel seien hier die elementorientierten Normen DIN EN ISO 9001:1994 ff genannt.

Der Trend zum Ausgliedern von Unternehmensbereichen hat in den letzten Jahren dafür gesorgt, dass Qualitätsmanagement auch im Dienstleistungssektor an Bedeutung gewonnen hat. Immer mehr Dienstleistungsunternehmen mit verschiedensten Ausprägungen befassten sich mit Qualitätsmanagement und waren gezwungen, die produktionsorientierten Elemente der Norm auf ihre Dienstleistung zu übertragen, um Normkonformität und entsprechend ein Zertifikat zu erlangen.

Auch auf dem sozialen Markt wurde das Thema Qualität und Qualitätsmanagement zunehmend diskutiert, so dass die Novellierung der produktionsorientierten Norm unumgänglich wurde.

Die Internationale Organisation für Normung hat mit der ersten Revision der ISO 9000 Familie einen größeren Praxisbezug der Norm geschaffen und damit die Norm in ihrer Anwendung wesentlich vereinfacht und verbessert.

Das Resultat ist eine praxisorientierte Normenreihe, die jeder Organisation größtmöglichen Spielraum lässt, ihr eigenes Qualitätsmanagementsystem nach den individuellen Erfordernissen des Unternehmens zu gestalten. Sie ist für jede Organisation anwendbar, unabhängig davon, ob es sich um Automobilhersteller, um Anbieter sozialer Leistungen *oder um Dienstleister im interkulturellen Kontext handelt.*

Dabei steht die Normenreihe 9000 im Einklang zu der TQM-Konzeption (Total Quality Management). *Auch wenn in 2015 eine Revision dieser Norm veröffentlicht wurde (ISO 9001:2015), so erscheinen die folgenden Darlegungen noch immer sinnvoll.*

Die Normenfamilie besteht aus folgenden Kernnormen:

- **ISO 9000:2000** - *Qualitätsmanagementsystem-Grundlagen und Begriffe*

In dieser Norm werden die Qualitätsmanagement-Grundsätze behandelt und das Grundverständnis für Qualitätsmanagement dargelegt. Der Abschnitt „Begriffe" beinhaltet Definitionen des Qualitätsmanagements, gewissermaßen als Nachschlagewerk.

- **ISO 9001:2000** - *Qualitätsmanagementsystem-Anforderungen*

Hierbei handelt es sich um die Zertifizierungsnorm. Werden die Anforderungen dieser Norm erfüllt, so kann die Organisation die Zertifizierung ihres Qualitätsmanagementsystems erlangen. In dieser Forderungsnorm wird die Effektivität/Wirksamkeit des Qualitätsmanagementsystems betrachtet.

- **ISO 9004:2000** - *Qualitätsmanagementsystem-Leitfaden zur Leistungsverbesserung*

Will man als Organisation seine Leistungen über die Normforderungen hinaus verbessern, so enthält diese Norm wertvolle Anregungen und Beispiele. Diese Norm betrachtet das so genannte umfassende Qualitätsmanagementsystem mit Blick auf die Gesamtleistung des Unternehmens. Insbesondere wird hier, im Sinne von TQM, der Schwerpunkt auf die Effizienz der Organisation gelegt.

2.2. Was verbirgt sich hinter der ISO 9001:2000?

2.2.1. Wie ist der Aufbau?

Im Gegensatz zur alten Norm DIN EN ISO 9001:1994 ist die ISO 9001:2000 viel anwendungsfreundlicher aufgebaut. Nochmals der Hinweis: Seit 2015 hat eine Revision dieser Norm, die ISO 9001:2015, Gültigkeit. Diese hat nun zehn, statt der genannten acht Kapitel. Durch die Revision sollten Probleme in der Umsetzung der Norm behoben werden. Da jedoch keine relevanten anwendungsorientierten Veränderungen vorgenommen wurden, erscheint es sinnvoll, die in der Erstausgabe dieses Buches gewählte Darstellung beizubehalten:

0 Einleitung,

1 Anwendungsbereich,

2 Normative Verweisungen,

3 Begriffe,

4 Qualitätsmanagementsystem
> (neu: Kontext der Organisation),

5 Verantwortung der Leitung
> (neu: Führung),

6 Management von Ressourcen
> (neu: Planung für das QM-System),

7 Produktrealisierung
> (neu: Unterstützung [Support]),

8 Messung, Analyse, Verbesserung
> (neu: Betrieb [Operation])

> (neu: 9 Bewertung der Leitung)

> (neu: 10 Verbesserung)

Die tatsächlichen Normforderungen sind dabei in 5 Kapiteln zusammengefasst, nämlich Kapitel 4: *Qualitätsmanagementsystem* bis einschließlich Kapitel 8: *Messung, Analyse und Verbesserung*.

Die Normenkapitel 4-8 enthalten Normforderungen, mit Hilfe derer ein prozessorientiertes Qualitätsmanagementsystem beschrieben werden kann.

In der Revision von 2015 ist dies ähnlich: Hier sind die Kapitel zusammengefasst in: *Plan*: Kapitel 4-7, *Do*: Kapitel 8, *Check*: Kapitel 9 und *Act*: Kapitel 10. Dies nur zur Orientierung (Siehe **B.4.1.**).

2.2.2. Was sind Ausschlüsse?

Ein großer Vorteil der Norm DIN EN ISO 9001:2000 besteht in ihrer universellen Anwendbarkeit. Besonderheiten einzelner Unternehmen müssen Beachtung finden. Nicht jedes Unternehmen ist gleich. So kann es sein, dass bestimmte Forderungen aus der Norm auf manche Organisationen gar nicht zutreffen. So eröffnet die aktuelle Norm die Möglichkeit, im Abschnitt 7: *Produktrealisierung* Ausschlüsse vorzunehmen.

Ein Ausschluss darf Ihre Qualität nicht negativ beeinflussen. Das bedeutet, dass Ihre Fähigkeit, die Anforderungen Ihrer Kunden zu erfüllen, durch den Ausschluss von Normforderungen nicht beeinträchtigt werden darf.

2.2.3. Welchen Sinn macht die Anwendung der Norm?

Die Motivation zur Anwendung der Norm ISO 9001:2000 ergibt sich zum einen aus externen Gegebenheiten und zum anderen aus interner Überzeugung heraus:

a) *Externe* Motivation

Wenn die Organisation ihre Fähigkeit zur kontinuierlichen Bereitstellung von Produkten aufzuzeigen hat, welche die Kunden- sowie die dazugehörigen Behördenforderungen erfüllen.

In vielen Branchen ist ein solcher Nachweis bereits Voraussetzung für Geschäftsbeziehungen, so z.B. in der Automobilindustrie und auf dem sozialen Markt in der Pflege. Im ganzen sozialen Bereich geht die Entwicklung dahin, dass die zu verteilenden Mittel immer knapper werden. Aus dieser Situation heraus erwächst die Notwendigkeit, effizient zu handeln.

Wirtschaftlichkeit und Effizienz wird seitens der Gesetzgebung massiv gefordert. Beispielhaft sei hier das Pflegequalitätssicherungsgesetzes (PQsG) genannt, das genau in diese Richtung geht. Ebenso wird bei Ausschreibungen im öffentlich-rechtlichen Rettungsdienst verstärkt ein adäquater Nachweis gefordert.

Ein Qualitätsmanagementsystem nach der ISO 9001 bietet somit genau den geforderten Nachweis für die Fähigkeit, Leistungen zu erbringen, die Forderungen von Kunden und Behörden erfüllen.

Die Motivation zur Einführung eines Qualitätsmanagementsystems ist in diesem Fall auf externe Anforderungen zurückzuführen.

♦ *Politik, Wirtschaft u. Unternehmen, Bildung, Dienstleistung:* Es erscheint wünschenswert, dass auch hinsichtlich interkultureller Arbeit von Seiten der Politik ähnliche Entwürfe wie bezüglich des Pflegequalitätssicherungsgesetzes formuliert werden. Ein *Integrationsqualitätssicherungsgesetz* erscheint sinnvoll. Den entsprechenden Forderungen müsste allerdings auch die Politik selbst entsprechen.

b) *Interne* Motivation

Wenn die Organisation danach strebt, die Kundenzufriedenheit zu erhöhen.

Das Augenmerk ist in der ISO 9001:2000 auf die Erfüllung von Kundenanforderungen gerichtet. Mit der Implementierung eines Qualitätsmanagements wird das ganze Unternehmen hinsichtlich der Kundenbedürfnisse sensibilisiert.

In diesem Fall kommt die Motivation aus der internen Überzeugung, dass durch Qualitätsmanagement die Weiterentwicklung des eigenen Unternehmens gefördert wird.

♦ *Politik, Wirtschaft u. Unternehmen, Bildung, Dienstleistung:* Die Gegebenheiten der bereits vorhandenen multikulturellen Gesellschaft fordert in allen Bereichen eine Weiterentwicklung, die diesem Sachverhalt Rechnung trägt. Da die genannten Bereiche in ihrer Wirksamkeit als Teile der öffentlichen Daseinsvorsorge gewertet werden können, sollten sie mit ihren Angeboten der gesamten Bevölkerung, auch den Menschen mit Zuwanderungsgeschichte, offen stehen. In diesem Sinne ist eine interkulturelle Öffnung aller Bereiche als strategische Überlegung notwendig um ein dauerhaftes friedliches Miteinander aller zu ermöglichen.

2.2.4. Wer kann die Norm anwenden?

Die festgelegten Forderungen dieser internationalen Norm sind auf alle Organisationen anwendbar, unabhängig von:

- Art und Größe d.h., alle Organisationen unabhängig von Sektor, Produktionsbetrieb oder Dienstleistungsunternehmen, und Größenordnung, vom Kleinbetrieb bis hin zum Großbetrieb, können ihr Qualitätsmanagementsystem nach den Forderungen der ISO 9001:2000 ausrichten.
- Art der bereitgestellten Produkte, d.h. unabhängig davon, ob das Produkt ein Auto, eine neue Frisur oder die Integration von Migranten ist.

Interne und externe Parteien

Die Norm unterscheidet zwischen internen und externen Parteien.

Der Grund für diese Unterscheidung ergibt sich aus der Motivation zur Einführung eines Qualitätsmanagementsystems. So gibt es zum einen Anforderungen, die von „Außen" z.B. von Kunden oder Behörden an die eigene Organisation gestellt werden, als auch Anforderungen, die von „Innen" innerhalb der Organisation definiert werden. Die Norm kann somit von internen und externen Parteien gleichermaßen verwendet werden, um die Organisation im Hinblick auf die Erfüllung der jeweiligen Forderungen zu bewerten.

♦ Dies bedeutet eine Überprüfbarkeit und eine Sicherstellung der Qualität interkulturell ausgerichteter Arbeit. Eine zentrale Zertifizierungsstelle, wie sie im Kontext des Amtes der Beauftragten der Bundesregierung für Migration, Flüchtlinge und Integration eingerichtet werden könnte, könnte hier als externe Prüfstelle dienen.

• *Interne Parteien*

Unter „Internen Parteien" versteht man alle organisationsinternen Personen und Abteilungen sowie von diesen beauftragte Berater. Diese führen im Interesse des Unternehmens in regelmäßigen Abständen Bewertungen hinsichtlich der Effektivität/Wirksamkeit und Effizienz/Wirtschaftlichkeit des Qualitäts-

managementsystems durch. Es ist festzustellen, inwieweit bestehende Forderungen erfüllt werden und ob Normkonformität gegeben ist. Hierzu verwenden „Interne Parteien" die internationale Norm als Arbeitsgrundlage und gleichen das bestehende dokumentierte Qualitätsmanagementsystem der Organisation damit ab. Wer viel Zeit, Geld und Mühe in die Einführung eines Qualitätsmanagementsystems investiert, der ist auch daran interessiert, sich einen Überblick über das erarbeitete „Werk" zu verschaffen. Waren die Bemühungen erfolgreich und was gibt es noch zu verbessern?

♦ Die zusammenfassenden Ausführungen dieser Handreichung können als intern nutzbare Grundlage zur Überprüfung der interkulturell ausgerichteten Orientierung eines Unternehmens, eines Dienstleistungsbetriebes oder eines Projektes usw. dienen. Eine Selbstkontrolle der jeweiligen Institution wird hierdurch möglich. Anhand der Darlegungen könnte z.B. ein Träger sozialer Einrichtungen seine Angebote dahingehend überprüfen, ob sie hinsichtlich der spezifischen Kundenorientierung an Migrantinnen und Migranten entsprechend formuliert und gestaltet sind.

• *Externe Parteien*

„Externe Parteien" sind Kunden, Behörden und unabhängige Zertifizierungsstellen, also Personen und Institutionen außerhalb der eigenen Organisation. Auch externe Parteien können sich auf die internationale Norm beziehen, um die Erfüllung von Anforderungen zu überprüfen. Die Bewertungen finden in Form von externen Audits statt.

♦ Gerade die sich verändernden, erhöhten Anforderungen an die Qualität interkulturell orientierter Arbeit machen diesen Gesichtspunkt besonders interessant. Es stellt sich in diesem Zusammenhang die Frage, ob in naher Zukunft im Zuge eines Integrationsqualitätssicherungsgesetzes von Seiten des Staates, zum Schutz von Projektgeldern, ein Interesse daran erwächst, Qualitätsmanagementsysteme von interkulturell orientierten Einrichtungen zu verlangen. Durch eine zentrale Zertifizierungsstelle könnten entsprechende Unternehmen oder Organisationen auf deren Normkonformität überprüft werden. Aus Sicht der hier vorliegenden Normübertragung wäre dies durchaus wünschenswert.

Letztlich erscheint die Bundesregierung im erweiterten Sinn als Kunde der interkulturell orientierten Organisationen, da sie diesen einen Teil der Integrationsaufgaben überträgt. Als Kunde sollte die Bundesregierung hier hohe Anforderungen an die zu erbringende Qualität stellen. Die politische Entwicklung fördert und fordert ein neues Qualitätsbewusstsein auf allen Ebenen, jüngst z.B. durch das Pflegequalitätssicherungsgesetz – warum nicht auch hinsichtlich der Integrationsaufgabe?

Im Verlauf dieser Entwicklung erscheint es durchaus sinnvoll, dass bezüglich der Verwendung von Steuergeldern im Kontext der Integrationsaufgaben nicht nur die jeweiligen Organisationen und deren spezifische Rahmenbedingungen, sondern auch übergeordnete, an interkulturellem Bewusstsein orientierte Qualitätsmanagementsysteme der Einrichtungen unter die Lupe genommen werden.

Da jede Einrichtung ihre ganz individuellen Prozesse hat, benötigt sie ihr je eigenes QM-System. Auch wenn ein Qualitätsmanagementsystem als Verpflichtung für alle Einrichtungen, die interkulturelle Arbeit leisten, zu Zeit nicht durchsetzbar erscheint, so sollten jedoch jene Einrichtungen, die sich mit QM bereits befasst haben oder dieses schon eingeführt haben, auch dem Teilbereich interkultureller Öffnung, gerecht werden. Qualitätsmanagement fördert die Organisationsentwicklung und setzt eine entsprechende Philosophie der Unternehmensführung voraus – in dieser Philosophie sollte bei Einrichtungen mit interkultureller Klientel die interkulturelle Öffnung integriert sein!

3. Die Prozessorientierung der Norm

3.1. Der prozessorientierte Ansatz

Die ISO 9001:2000 ist eine prozessorientierte Norm, d.h. sie basiert auf einem Modell der Organisationsprozesse. Alle Organisationtätigkeiten werden mit Hilfe von Prozessen und Prozessketten erfasst und bewirken somit eine transparente Organisation.

Ein Unternehmen verfügt über zahlreiche Prozesse, die in diesem Sinne miteinander verknüpft sind und ein komplexes System darstellen. Der prozessorientierte Ansatz bedeutet die Anwendung von Prozessen und Prozessketten sowie das Erkennen ihrer Wechselbeziehungen. Sowohl Abhängigkeiten als auch Schnittstellen zwischen Prozessen werden aufgezeigt.

Das bewusste Modellieren einer Prozesslandschaft ermöglicht eine bessere Lenkung der Prozesse. Dies birgt Möglichkeiten zur Fehlervermeidung oder anders gesagt: Verbesserungspotenziale werden aufgezeigt.

Die Prozessorientierung fördert:

a) Das Verstehen und somit das Erfüllen von Forderungen.
b) Die Betrachtung der Prozesse aus Sicht der Wertschöpfung.
c) Das Erreichen von Ergebnissen hinsichtlich der Prozessleistung und Prozesswirksamkeit.
d) Die kontinuierliche Verbesserung von Prozessen auf Basis objektiver Messungen.

Der prozessorientierte Ansatz kommt in diesem ISO-Modell zum Ausdruck. Jegliches Tun und Handeln in der Organisation wird als Prozess betrachtet.

Die visuelle Darstellung der Forderungen und der Prozesse eines Qualitätsmanagementsystems nach der ISO 9001:2000 rückt vier Grundprozesse in den Vordergrund:

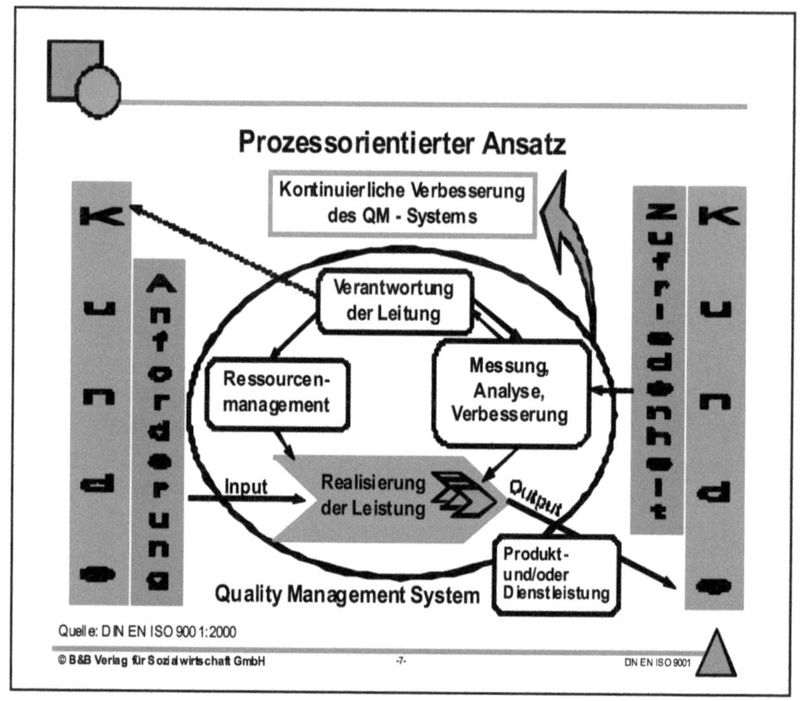

1. Verantwortung der Leitung:

Jegliches Tun und Handeln in einer Organisation ist auf die Erfüllung von Kundenforderungen aus-gerichtet. Er gibt den Anstoß für die Erbringung der Leistung und er bewertet die Erfüllung seiner Anforderungen. Im Idealfall drückt sich das in Kundenzufriedenheit aus. Verpflichtung der Leitung zur Qualität, die Formulierung einer Qualitätspolitik, die Definition von konkreten Qualitätszielen, die Qualitätsplanung, Organisation und Systembewertung sind elementare Aufgaben, die in der Verantwortung der Leitung liegen. Sie sind Meilensteine zur Erreichung der Kundenzufriedenheit.

2.   Ressourcenmanagement:

Ressourcen sind Personal, Arbeitsumgebung, Infrastruktur etc. Ressourcenmanagement beschreibt den zielgerichteten Einsatz dieser Ressourcen zur Realisierung der Leistung.

3.   Realisierung der Leistung:

Der Kunde gibt durch seine Anforderungen den Input für die Realisierung der Leistung. Die Leistungserbringung ist am kommerziellen Kunden ausgerichtet. Es handelt sich dabei um den Kernprozess oder auch Wertschöpfungsprozess der Organisation. Ergebnis/ Output dieses Prozesses ist das erstellte Produkt oder die Dienstleistung, die der Kunde entgegennimmt. Zur Produktrealisierung gehören die Planung der Produktrealisierung, Kunden bezogene Prozesse, Entwicklung, Beschaffung, Produktion/Dienstleistungserbringung und die Lenkung von Überwachungs- und Messmitteln.

Das angestrebte Ergebnis des Kernprozesses ist die Kundenzufriedenheit und somit die Wertschöpfung. Der Kernprozess wird von unterstützenden Prozessen und Führungsprozessen begleitet. Es handelt sich dabei um Abläufe, die notwendig sind, dem Unternehmenszweck gerecht zu werden. Durch die Darstellung von Kernprozessen, Führungsprozessen und unterstützenden Prozessen innerhalb einer Prozesslandschaft werden Abhängigkeiten zwischen diesen Prozessen ersichtlich. So können Abläufe, die den Kernprozess, und somit die Wertschöpfung, beeinflussen analysiert und gegebenenfalls optimiert werden. Dies erhöht die Effizienz der zu erbringenden Leistung.

Im Klartext: Der Kernprozess ist die Leistung mit der Sie Ihre Brötchen verdienen, deshalb wird er Wertschöpfungsprozess genannt. Es wird ein Wert aus der Erbringung der Leistung geschöpft, nämlich Ihr Lohn. Je wirtschaftlicher die Leistung erbracht wird, umso höher ist auch die Wertschöpfung. Dies bedeutet letztlich, dass Sie für die gleiche Leistung noch mehr Brötchen verdienen können. Die Qualität der Leistung wird dabei nicht schlechter, sondern besser, da ganz bewusst die Abläufe optimiert werden und nicht dem Zufall überlassen sind.

4. Messung, Analyse, Verbesserung:

Messung, Analyse und Verbesserung sind wichtige Instrumente des Managements. Ergebnisse aller Messungen und Analysen sind Basis für jegliche Entscheidungen auf Führungsebene. Besondere Beachtung findet die Messung der Kundenzufriedenheit. Durch den Ausdruck seiner Zufriedenheit gibt der Kunde unter Umständen neue Anforderungen an das Produkt/die Dienstleistung. Überwachung und Messung der Systemleistung, Interne Audits, Überprüfung der Produkt- und Prozessqualität, Lenkung fehlerhafter Leistungen, Datenanalyse, Maßnahmen zur Korrektur, Verbesserung und Vorbeugung werden unter dem Abschnitt Messung, Analyse und Verbesserung zusammengefasst.

Kontinuierliche Verbesserung auf Basis objektiver Messungen

Die kontinuierliche Verbesserung ist das Ergebnis von optimal gelenkten und gesteuerten Prozessen. Durch Messung und Analyse der einzelnen Prozessleistung kann die Unternehmensleitung dafür Sorge tragen, dass Schwachpunkte erkannt und Fehler vermieden werden.

Um die Prozessleistung in der Organisation besser beurteilen zu können, empfiehlt sich an dieser Stelle mit der Implementierung eines Qualitätsmanagementsystems auch gleichzeitig ein Controllingsystem im Unternehmen aufzubauen. So kann von Anfang an ein vernünftiges System zur Bewertung von Prozessen und deren Ergebnissen geschaffen werden.

Die Ergebnisse der Messungen und Analysen sind wichtiger Bestandteil des kontinuierlichen Verbesserungsprozess (KVP). Jedes Unternehmen sollte danach streben, sich ständig zu verbessern. Wer sich nicht weiterentwickelt, kann den sich verändernden Anforderungen nicht mehr gerecht werden. Somit erklärt sich die Bedeutung des kontinuierlichen Verbesserungsprozesses (KVP) als Grundlage für die Existenzsicherung jeder Organisation. KVP kann nicht losgelöst vom Rest der Organisation betrachtet werden. Vielmehr bezieht sich dieser Prozess auf alle Bereiche der Organisation.

3.2. Prozessorientierung am Beispiel Urlaub

Was hat Qualitätsmanagement und der prozessorientierte Ansatz mit Urlaub zu tun? Übersetzen wir das Wort „Prozess" mit Tätigkeit, so lässt sich der prozessorientierte Ansatz durchaus auch im privaten Bereich erkennen. Durch die Visualisierung einzelner Prozesse und Prozessschritte wird deutlich, dass selbst der schönste Urlaub aus einer regelrechten Prozesslandschaft besteht. So ist es auch im Arbeitsleben – jede Tätigkeit ist ein Prozess. Die Prozesse in Ihrem Unternehmen müssen nicht neu erfunden werden. Ihre Organisation existiert bereits und die Prozesse laufen routiniert ab - tagtäglich.

Jede Tätigkeit ist ein Prozess – so auch der wohlverdiente Urlaub. Für viele die so genannten schönsten Wochen des Jahres, wenn... Tja, und da beginnt die Geschichte – lassen Sie uns einen Exkurs wagen:

Stellen Sie sich vor, Sie wollen in Urlaub fahren. Eine durchaus angenehme Vorstellung! Wo wollen Sie hin? Ans Meer oder lieber in die Berge? Lieber in den Süden oder doch eher der kühlere Norden? Ach, sie wollen gar nicht im Sommer verreisen, sondern im Winter oder Herbst - oder doch lieber im Frühling? Eine *all-inclusive-*

Reise in einem 5-Sterne Hotel an der türkischen Riviera, die Ferienwohnung in der Toskana, der Campingplatz in Frankreich oder die Ski-Hütte in den Vogesen? Wie wollen Sie an Ihren Urlaubsort gelangen? Mit dem Auto, Bus, Zug, Flugzeug oder Schiff? Reisen Sie alleine oder mit Partner? Sie haben sogar Kinder, die mitfahren? Oder sind die Kinder in dieser Zeit bei Oma und Opa – vielleicht sogar in einer Kinderfreizeit untergebracht? Sie sehen, es gibt eine Vielzahl von Entscheidungen im Vorfeld zu treffen.

Sehr schnell wird deutlich, wie viele unterstützende Prozesse es gibt. Welche Tätigkeiten bauen aufeinander auf und welche können parallel laufen?

Man erkennt, dass Verantwortlichkeiten festgelegt werden müssen. Wer macht die Routenplanung? Wer kümmert sich um die Reiseapotheke oder um Proviant? Schnittstellen werden deutlich. Wo muss ich mit meinen Familienmitgliedern kommunizieren und *worüber* muss ich kommunizieren?

Prozessschritte für das Beispiel
„Urlaub"

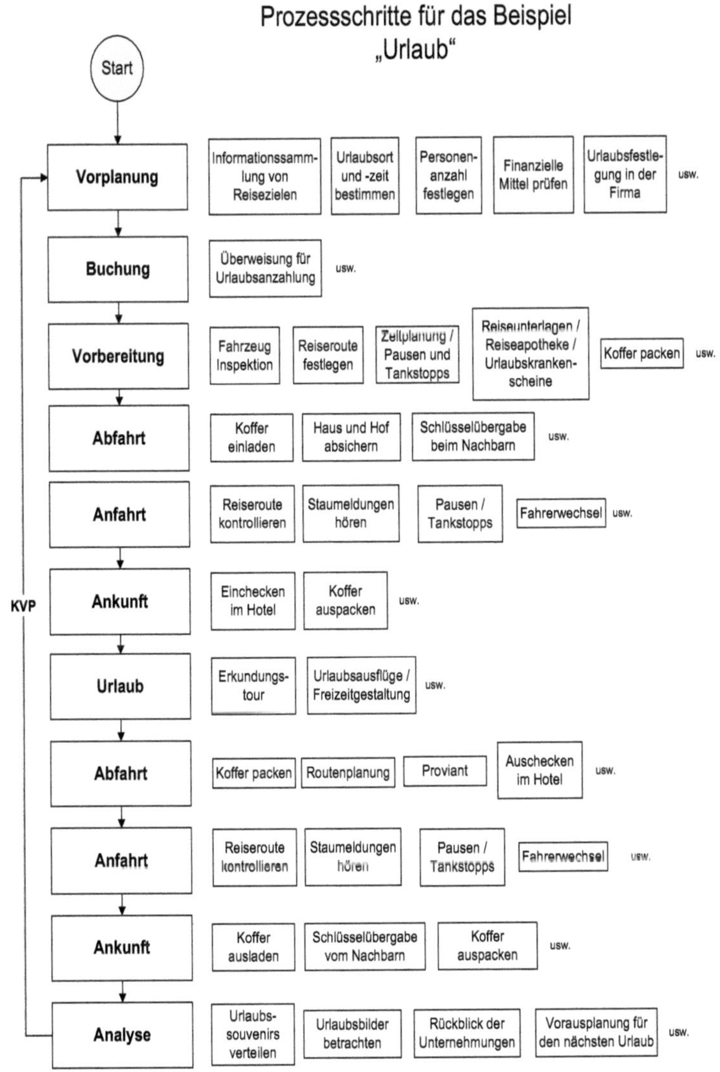

3.3. Prozessschritte

Vorplanung

Diese Phase nennen wir einfach „Vorplanung". Genau genommen handelt es sich bei der Vorplanung um die konkrete Zielplanung für Ihren Urlaub. Hier gibt es nicht nur Entscheidungen zu treffen, sondern auch entsprechende Tätigkeiten zu verrichten. Hierzu gehört zum Beispiel die *Informationssammlung* über verschiedene Reiseziele. Gehen Sie gelegentlich in ein Reisebüro, um sich Reisekataloge zu holen oder schauen Sie sich gerne Reiseratgeber im Fernsehprogramm an? Vielleicht verfolgen Sie ja einen Jugendtraum und sammeln bereits seit langem Bücher, Zeitungsartikel und Fotos über ein bestimmtes Reiseland?

Zur Vorplanung gehört die *Festlegung* der *Urlaubstage* auf der Arbeit. Die Vertretungsregelung muss getroffen werden, falls dies nicht schon längst im Rahmen des Qualitätsmanagements festgelegt wurde. Möglicherweise müssen auch Ferienzeiten der schulpflichtigen Kinder berücksichtigt werden.

Ein wesentlicher Faktor sind die Finanzen. Je nach Reiseziel und Anzahl der verreisenden Personen muss die *Höhe des Budgets* festgelegt und möglicherweise erst angespart werden, vielleicht durch einen Nebenjob - oder nehmen Sie einen Kleinkredit auf?

Buchung

Sind die Voraussetzungen geschaffen, dann kann man Nägel mit Köpfen machen. Der nächste Schritt ist die *„Buchung"*. Oft beinhaltet die Buchung eine *Überweisung der Anzahlung*.

Vorbereitung

Wenn es sich nicht um einen *Last-Minute*-Urlaub handelt, dann dauert es nun eine Weile bis zum ersehnten Urlaub. Doch der Termin rückt unweigerlich näher, und die konkrete „Vorbereitung" für den Urlaub beginnt. Hierzu gehört, je nach Vorplanungs-Ergebnis, möglicherweise die *Fahrzeug-Inspektion.*

Die Planung der *Fahrroute* inklusive der Tankstops und Pausenzeiten ist wesentlicher Bestandteil der Vorbereitung.

Auch die Zusammenstellung der *Reiseapotheke* ist wichtig. Vielleicht muss hierfür der Arzt/Kinderarzt aufgesucht werden? Vielleicht muss der *Impfschutz* aufgefrischt werden? Wer gießt die Blumen und leert den Briefkasten? Vielleicht sind Haustiere zu versorgen? Das Stichwort ist *Haus- und Tiersitter.* Die *Reisedokumente* müssen zusammengestellt werden. Reisepässe, Buchungsbestätigung, eventuell Flugtickets, usw.

Wenige Tage vor der Abreise werden die *Koffer* gepackt. Dabei sind auch entsprechende *Spiele* für die Kinder einzupacken. Das erfordert manchmal diplomatisches Geschick, da Kinder gerne alles mitnehmen würden...

Abfahrt

Am Tag der Abreise wird das *Auto beladen,* werden *Schlüssel* beim Nachbarn *hinterlegt,* alle *Geräte ausgemacht* und die *Stecker gezogen* und dann endlich, meist etwas später als geplant, die „Abfahrt"...

Anfahrt

Die „Anfahrt" ist die nächste Phase der Reise. Nach einer halben Stunde kommt die unausweichliche Frage zum ersten Mal: „Wann sind wir da?" Hier sind starke Nerven und *Beschäftigung für Kinder* gefragt. „Mama ich muss Pipi, dringend!!!!!" Wer kennt das nicht? Dann ist Zeit für *außerplanmäßige kleine Pausen.* Es kann sein, dass Sie eine Staumeldung im Radio hören, also überdenken Sie vielleicht ihre *Routenplanung. Planmäßige größere Pausen* beinhalten dann neben dem *Tankstop* vielleicht auch *Fitnessübungen* und den *Spielplatzaufenthalt* für die Kinder. Selbstverständlich gehört auch *Essen und Trinken* dazu. *Fahrerwechsel*, falls Sie sich beim Fahren mit Ihrem Partner abwechseln wollen. Je nachdem wie weit ihr Reiseziel ist oder wie lange der Stau war, müssen Sie vielleicht eine *Zwischenübernachtung* vornehmen.

Ankunft

Wenn Sie Ihr Reiseziel erreicht haben mit der „Ankunft" am Urlaubsort, sind Sie Ihrer Erholung schon ganz nah. Zunächst wird *eingecheckt*. Dann werden Sie möglicherweise die *Koffer* aus dem Auto holen und *auspacken*. Die *erste Erkundungstour* fällt oftmals auch noch in die Phase der Ankunft. Es geht um die erste Orientierung am Urlaubsort, bevor man sich genüsslich erholt. Wo befindet sich der Strand? Wo ist der nächste Supermarkt? Wo gibt es eine Apotheke oder einen Arzt?

Urlaub

Nun haben Sie sich Ihren „Urlaub" verdient! Genießen Sie Ihre Freizeit mit einem *Sonnenbad* oder beim *Schnorcheln/Tauchen* in die Unterwasserwelt. *Wandern* und diverse *Ausflüge* gehören vielleicht ebenfalls zu Ihrem Programm. Wie lange machen Sie Urlaub? Eine Woche? Drei Wochen? Sechs Wochen? Egal wie lange – auch der längste Urlaub neigt sich unweigerlich dem Ende zu und Sie müssen wieder Ihre sieben Sachen packen.

Vorbereitung

Es beginnt noch einmal eine Phase der „Vorbereitung" für die Rückreise. Ähnlich der Vorbereitung für die Anreise werden auch diesmal Koffer gepackt, Tourenpläne zusammengestellt, Pausen geplant, Proviant vorbereitet usw.

Abfahrt, Anfahrt, Ankunft

Das gleiche gilt auch für die Phasen „Abfahrt" und „Anfahrt". Bei der „Ankunft" wird man feststellen, dass es zu Hause doch am schönsten ist und nach dem *Auspacken der Koffer* mit der Bewältigung der *Wäscheberge* beginnen...

Analyse

Nach einer gewissen Zeit sind die ersten Fotos entwickelt und man lädt vielleicht Freunde ein, um gemeinsam kulinarische Mitbringsel zu genießen und Bilder oder Dias zu schauen. Spätestens in diesem Moment beginnt die „Analyse" des Urlaubs. Durch den Rückblick sieht man noch einmal, was besonders schön war, oder aber welche Pannen es gegeben hat. Bucht man beim nächsten Mal lieber eine Ferienwohnung anstelle im Hotel zu verweilen? War der Urlaub zu kurz oder zu lang? Soll es das nächste Mal besser in kühlere Gefilde gehen, weil 40°C Außentemperatur doch zu heiß waren?

KVP – Kontinuierlicher Verbesserungsprozess

All diese Erkenntnisse, die Sie beim Rückblick auf Ihren Urlaub gewinnen, werden in die Vorplanung Ihres nächsten Urlaubs mit einfließen. So unterliegt Ihre Urlaubsgestaltung einem kontinuierlichen Verbesserungsprozess – KVP.

4. Kernprozess interkultureller Arbeit

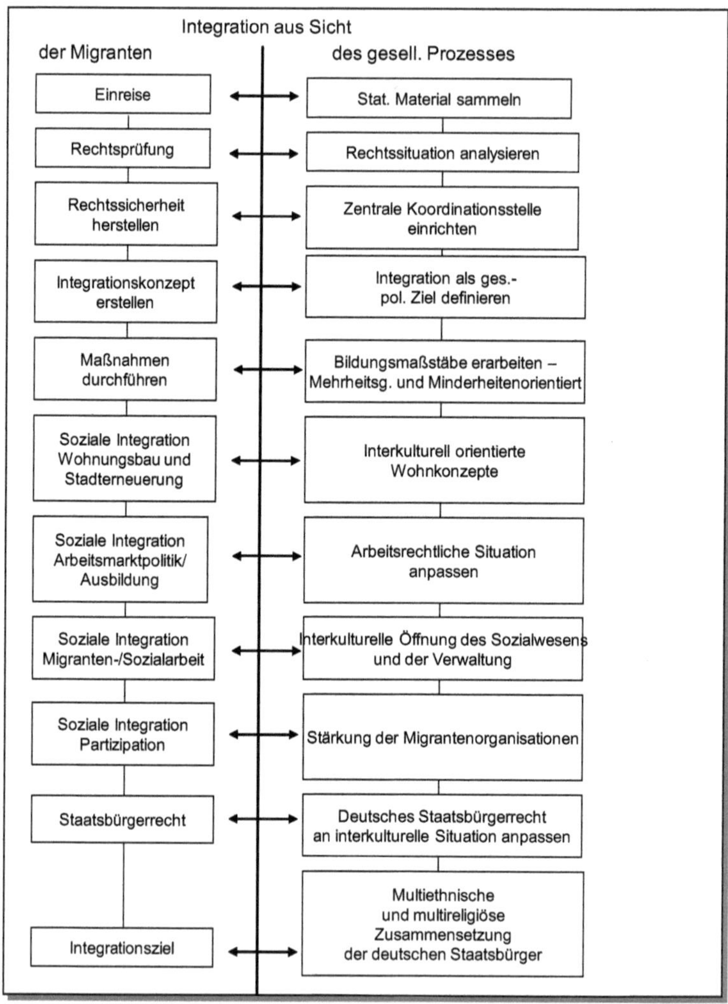

4.1. Ist Integration auch ein Prozess?

Übertragen wir den Exkurs einer Urlaubsvorplanung auf die gesellschaftspolitisch notwendige Integrationsaufgabe: Stellen wir uns vor, dass die Integration politisches Ziel ist.

Integration als Prozess

Die Übertragung des Exkurses „Urlaub" kann hier nur andeutungsweise erfolgen. Der Fülle möglicher Ansätze sind hier Grenzen gesetzt. Wer im interkulturellen Kontext arbeitet, wird andere Erfahrungswerte mit einbringen und so den Schwerpunkt seines Fokusses anders setzen.

Jedoch wird auch bei dem dargelegten Versuch deutlich, wie viele unterstützende Prozesse es im Kontext interkultureller Integration gibt. Viele Bereiche bauen aufeinander auf, andere laufen parallel.

Man erkennt, dass Verantwortlichkeiten festgelegt werden müssen. Dabei ist die Verantwortung der Politik sehr deutlich zu formulieren. Auch wenn der Integrationsprozess nicht nur von „oben" nach „unten" gefordert werden darf, so kann er sich jedoch auch nicht nur von „unten" nach „oben" durchsetzen. Es bedarf der politischen Vorgabe, des politischen Leitbildes von „oben" und des zivilgesellschaftlichen Durchsetzens von „unten". Schnittstellen, die bei der Analyse deutlich werden, sollten vernetzt werden.

4.2. Prozessschritte der Integration

Einreise/ Bestandsaufnahme:

Reist eine Person nach Deutschland ein, so muss sie anhand ihrer Papiere (Einreisevisum u. dgl.) einer Zuwanderungsgruppe zugeordnet werden. Zuwanderungsgruppen sind: EU-BinnenmigrantInnen,

Familien- und Ehenachzug aus Drittländern, Rückkehrende deutsche Staatsangehörige, Ausländische Studierende, Flüchtlinge im ungeregelten Verfahren, Kontingentflüchtlinge, Kriegs- und Bürgerkriegsflüchtlinge, Menschen ohne Einreiseberechtigung und ohne Aufenthaltsstatus (Illegale Migration), Spätaussiedler, Zeitlich begrenzte ArbeitsmigrantInnen (Greencard'ler, SaisonalarbeitnehmerInnen, WerkvertragsarbeitnehmerInnen), Jüdische Zuwanderer aus dem Gebiet der ehemaligen UdSSR (Aufnahme nach Kontingentflüchtlingsgesetz - jedoch ohne Kontingentierung), Asylsuchende. Entsprechend der Papiere des Einreisenden findet eine Zuordnung in eine der Zuwanderungsgruppen statt.

Betrachtet man die gesellschaftliche Situation der Zuwanderung, so müssen - entsprechend der Zuwanderungsgruppen - statistische Daten erhoben werden. Diese werden teilweise bereits in den jährlichen Migrationsberichten veröffentlicht. Neben den Informationen über die Anzahl der Menschen mit ausländischem Pass sind auch die Daten der Menschen mit Migrationhintergrund (z.B. Spätaussiedler; Kinder, nach 2001 geboren, mit deutschem Pass, aber Eltern mit Zuwanderungsgeschichte) zu sammeln, zu sondieren und zu analysieren.

Gleichzeitig sollten Institutionen, Vereine, Organisationen und dergleichen, welche sich im Feld interkultureller Arbeit betätigen, ebenfalls sondiert und hinsichtlich ihrer Leistungsfähigkeit analysiert werden. Wer kann für welche Tätigkeit herangezogen werden? Die vorliegende Übertragung der Norm ISO 9001:2000 für Organisationen, die interkulturell ausgerichtet arbeiten, kann im Rahmen dieser Analysen als hilfreiche Orientierung dienen.

Eine genaueste Situationsanalyse des Ist-Zustandes der Integration ist Voraussetzung für das Gelingen der zukünftigen gesellschaftlichen Integrationsschritte: In diesem Kontext kann auf viele Untersuchungen der

Migrationsforschung und zahlreiche Erfahrungen der Migrations- und Flüchtlingsarbeit zurückgegriffen werden. Die notwendige Evaluation bestehender Erfahrungen könnte sich am Leitfaden, welcher im Kapitel: Messung, Analyse, Verbesserung (**B 5.3.**) angeregt wird, orientieren.

Für die festgelegten Ziele sollte ein Zeitrahmen festgelegt werden. Hierbei sind z.B. politische Ereignisse (z.B. Wahlen) zu berücksichtigen.

Als wesentlicher Faktor sind auch hier die finanziellen Mittel zu berechnen. Die Höhe des Budgets richtet sich sowohl nach der Haushaltslage als auch nach der Dringlichkeit, die diesem Prozess beigemessen wird. Bestehende Ängste vor Überfremdung, die all zu oft in Fremdenfeindlichkeit und Rassismus übergehen, sowie bestehende Gettoisierungstendenzen sollten Grund genug sein, der Integrationsarbeit hohe Priorität beizumessen.

Rechtsprüfung:

Eine nach Deutschland eingereiste Person, welche einer Zuwanderungsgruppe zugeordnet wurde, kann ihren Rechtsstatus eventuell, je nach Rechtslage, verändern. So kann z.B. über einen Asylantrag ein Bleiberecht erwirkt werden.

Ein Beispiel: Eine Kosovarin darf wegen des „Kanuns" nicht abgeschoben werden. Auf den Kanun, das traditionelle kosovarische Gewohnheitsrecht, hat sich das Bundesamt zur Anerkennung ausländischer Flüchtlinge in einem Entscheid über Abschiebungshindernisse gestützt. Eine allein erziehende Kosovo-Albanerin kann deshalb in Deutschland bleiben. Die betroffene Frau, unterstützt vom Fachdienst für Migration, Flüchtlinge und Integration des Kirchenkreises Simmern-Trarbach, konnte nachweisen, dass sie sich bei der Rückkehr in den Kosovo von ihrer Tochter trennen müsste. Denn die Familie ihres geschiedenen Ehemanns erhebe Anspruch auf das

Kind. Und der Kanun eröffne diesen Anspruch, so das Bundesamt. Dieses Gewohnheitsrecht, das die Herausgabe des Kindes an die Familie des Mannes ebenso vorsehe wie die Rückkehr der Frau in ihre Familie, verstoße gegen den Schutz der Familie nach Artikel 6 im Grundgesetz. Verschiedene rechtliche Aspekte führten in diesem Fall zu einem Verbleib der Kosovarin in Deutschland (das Beispiel ist dem EKiR-Newsletter Integration mit aufrechtem Gang, Mai 2004 entnommen).

Ähnlich wie die Rechtsituation einer einreisenden Person sind für die bereits in Deutschland lebenden ausländischen Personen die politische Rahmen-bedingungen zu untersuchen, wobei die notwendige Umsetzung der vorliegenden Eu-Richtlinien („Zur Anwendung des Gleichbehandlungsgrundsatzes ohne Unterschied der Rasse oder der ethnischen Herkunft" sowie „Zur Festlegung eines allgemeinen Rahmens für die Verwirklichung der Gleichbehandlung in Beschäftigung und Beruf") von zentraler Bedeutung sein sollten.

Zu beachten sind auch die unterschiedlichen Ebenen der Zuständigkeiten, wie sie aus der Übersicht bestehender Rechtsvorschriften in Kapitel: **B 1.2.** zu ersehen sind. So verteilen sich die Zuständigkeiten auf EU-Ebene, Bundes-, Länder- oder kommunale Ver-waltungsebene. Um hier ein übergeordnetes bzw. ver-netzendes Integrationskonzept zu erwirken, bedarf es einer *zentralen Koordinierungsstelle.*

Zentrale Koordinierungsstelle:

Für die Rechtssicherheit einer eingereisten Person sind entsprechende Anträge zu stellen, welche sich an den rechtlichen Gegebenheiten orientieren.

Zur Erlangung einer Rechtssicherheit bezüglich des Integrationsprozesses bedarf es einer überschaubaren Rechtssituation, welche über ein entsprechendes Zuwanderungsgesetz und eine zentrale Koordinierungsstelle erreichbar erscheint. Ein zentrales Amt, wie es bereits mit dem „Beauftragten der Bundesregierung für Migration, Flüchtlinge und Integration" geschaffen wurde, sollte hierfür zuständig sein.

Betrachtet man dieses von der Bundesregierung geschaffene Amt, so muss jedoch der Kompetenzrahmen, welcher mit diesem Amt derzeit verbunden ist, neu überdacht werden. Notwendig ist eine klare und deutliche Definition der Aufgaben und Möglichkeiten. Bisher erfüllt dieses Amt eher beratende Funktionen.

Politisch führte die Situation des Zuzugs von Bürgerkriegsflüchtlingen 1997 zu weitreichenden Neuregelungen im Ausländergesetz. Im Rahmen dieser Änderungen wurde auch das Amt der Beauftragten auf eine gesetzliche Grundlage gestellt (Gesetz über den Aufenthalt, die Erwerbstätigkeit und die Integration von Ausländern im Bundesgebiet = Aufenthaltsgesetz). Nachdem die Aufgaben und Befugnisse des Amtes zuvor durch einen Kabinettsbeschluss definiert waren, wurden sie nun erstmals gesetzlich geregelt. Außerdem wurde die Bezeichnung auf „Beauftragter der Bundesregierung für Ausländerfragen" später dann nochmals in „Beauftragter der Bundesregierung für Migration, Flüchtlinge und Integration" geändert. Im Oktober 1998 schied Frau Schmalz-Jacobsen auf eigenen Wunsch aus dem Amt aus. Ab November 1998 erfüllte Frau Marieluise Beck ihre Aufgaben in diesem Amt. Ihr folgte 2005 Maria Böhmer und seit 2013 ist Aydan Özoğuz die Beauftragte der Bundesregierung für Migration, Flüchtlinge und Integration

Stellung, Aufgaben und Befugnisse des Beauftragten der Bundesrepublik für Migration, Flüchtlinge und Integration sind in § 92 des Aufenthaltsgesetzes verankert. Durch diese 1997 erfolgte gesetzliche Verankerung des Amtes sollte die Rolle der Beauftragten gestärkt und im Bewusstsein der Öffentlichkeit mehr gefestigt werden. Zugleich sollten die Rechte der Beauftragten gegenüber beteiligten Ressorts gestärkt werden.

Als „Lobby-Amt" für Ausländerinnen und Ausländer beschäftigt sich das Amt mit Belangen von Migrantinnen und Migranten im Spannungsfeld regierungsbezogener und sozialpolitischer Anforderungen und Erwartungen. Die zentralen Aufgaben der Ausländerbeauftragten - die Förderung der Integration der ausländischen Mitbürger sowie die Unterstützung der Bundesregierung bei der Weiterentwicklung ihrer Integrationspolitik - setzt voraus, dass der oder die Ausländerbeauftragte bei allen Beteiligten als Mittler anerkannt ist und ihr/ihm die dazu nötigen Freiräume auch gewährt werden.

Angesichts der frustrierten Amtsaufgabe von Frau Funcke (sie war ab Jan. 1981 im Amt und warnte bereits vor der Deutschen Wiedervereinigung vor einem erstarkenden und gefährlichen Rechtsradikalismus. Da ihre Warnungen ungehört blieben, trat sie im Juni 1991 enttäuscht über die mangelnde Resonanz ihrer Vorschläge auf Seiten der Bundesrepublik, zurück) und des vorzeitigen Ausscheidens von Frau Schmalz-Jacobsen stellt sich die Frage, ob die Handlungsspielräume der Inhaber/innen dieses Amtes hinreichend waren und ob sie es nach den Veränderungen von 1997 heute sind.

Hinsichtlich des Integrationsprozesses und der damit verbundenen Qualitätssicherung interkulturell ausgerichteter Arbeit sollte das Amt sowohl Koordinierungsstelle als auch akkreditierte Zertifizierungsgesellschaft sein, damit die Umsetzung interkultureller Aspekte von Qualitätsmanagementsystemen nachhaltig gewährleistet werden kann. Hierfür sollte aus dem „Amt" mit eher beratender Funktion eventuell ein Integrations- (bzw. bezogen auf die weitreichenderen Eingliederungsaufgaben) ein Inklusions- bzw. Inklusionismusministerium werden.

Integrationskonzept erstellen:

Sowohl für die Integration einer eingereisten Person, als auch für den gesellschaftlichen Prozess der Integration bedarf es eines Konzeptes, welches sich an folgenden Fragen orientieren sollte:

Wo wollen wir hin? Was verstehen wir unter Integration? Wollen wir die sogenannten „Fremden" nicht mehr als solche erkennen? Sollen Zugewanderte sich allen gesellschaftlich vorgegeben Normen anpassen? Soll sich ein gesellschaftlicher „Einheitsbrei" entwickeln? Wollen wir lieber, dass Menschen mit Zuwanderungsgeschichte Teile ihrer persönlichen Tradition beibehalten können? Soll sich ein multikultureller „Eintopf" entwickeln? Ein Eintopf wird als Ganzes, als eine geschmackliche Einheit empfunden, jedoch besteht die Kunst der Köche darin, beim Kochen den Eigengeschmack der einzelnen vielfältigen Zutaten zu erhalten. Beim Essen genießt man einerseits den Gesamtgeschmack des Eintopfes und andererseits den Eigengeschmack der Zutaten. *Sollte, wie bei einem gelungenen Eintopf, die multikulturelle Gesellschaft als eine funktionierende Einheit existieren, deren kulturelle Vielfalt jedoch im Einzelnen ebenfalls wahrnehmbar bleibt?*

Wie soll dieses Ziel erreicht werden? Sollten Gesetze eine Integration erzwingen? Sind zwangsweise zu erteilende Deutschkurse sinnvoll? Kann ein Kopftuchverbot die Integration fördern? Wer soll mit den Integrationsmaßnahmen erreicht werden? Sind alle mit ausländischem Pass zu integrieren? Sind manche leichter zu integrieren als andere? Wenn ja, warum? Sind Integrationsmaßnahmen ausschließlich für die Menschen mit Zuwanderungsgeschichte sinnvoll, oder muss die Mehrheitsgesellschaft in den zu gestaltenden Integrationsprozess auch einbezogen werden?

Orientiert an den gestellten Fragen, sollte sich die Politik zuerst damit befassen, was unter Integration verstanden werden soll:

In wissenschaftlichen Abhandlungen werden hinsichtlich der Anpassung von Migranten in ihr Gastlandsystem zwei Dimensionen unterschieden: Zum einen die Dimension der Aufrechterhaltung kultureller Orientierung am Herkunftsland, zum anderen Möglichkeiten, kulturelle Einflüsse der Aufnahmegesellschaft für die eigene Identität zuzulassen. Diese beiden Dimensionen wurden in der wissenschaftlichen Bewertung miteinander verbunden, woraus sich bislang vier idealtypische Wege der kulturellen Auseinandersetzung von zugewanderten Personen, sogenannte Akkulturationsmuster, definieren lassen:

1.- Assimilation

Sie bezeichnet die Bereitschaft, die Verbindung zur Herkunftskultur aufzugeben und die Kultur des Aufnahmelandes als neue Orientierung zu übernehmen.

2.- Integration

Hierunter ist die Beibehaltung kultureller Orientierung der Herkunftskultur bei gleichzeitiger Bereitschaft zu Kontakten mit der Aufnahmegesellschaft und ihren kulturellen Orientierungen zu verstehen.

3.- Separation

Dieses Akkulturationsmuster verweigert eine Kontaktaufnahme mit der Aufnahmegesellschaft und deren kulturellen Erscheinungen und orientiert sich ausschließlich an der Kultur des Herkunftslandes.

4.- Marginalisation

Dieser Idealtyp beschreibt die Orientierungslosigkeit, welche sich aus dem Verlust von Beziehungen zur Herkunftskultur bei gleichzeitiger Verweigerung von Kontakten zur Aufnahmekultur, ergibt.

Ein Akkulturationsmuster ist keine beständige Größe. Vielmehr ist das jeweilige Verhaltensmuster zeit- und situationsspezifisch zu betrachten. Dabei bestimmen Nähe oder Distanz zur vorgefundenen Kultur entscheidend die Wahl des Akkulturationsmusters.

Wenn politisch eine Integration gewünscht ist, so bedeutet dies, dass Menschen mit Zuwanderungsgeschichte die Möglichkeit erhalten, eine kulturelle Orientierung an ihrer Herkunftskultur beizubehalten. Gleichzeitig sollte ihre Bereitschaft zu Kontakten mit der Aufnahmegesellschaft gefördert werden.

Im Zusammenhang eines Zusammenwachsens zu einer multikulturell orientierten „Eintopf-Gesellschaft", stellt sich jedoch auch die Frage, welche Akkulturationsmuster die Mehrheitsgesellschaft hinsichtlich der gegebenen Minderheitenkulturen verwendet. Fremdenfeindlichkeit oder gar Rassismus sind in diesem Kontext eindeutig als Zeichen einer Separation zu werten. Eine Kontaktaufnahme mit den Minderheitenkulturen und deren kulturellen Erscheinungen wird abgelehnt und eine Orientierung an der Mehrheitskultur bevorzugt.

Dass über die Akkulturationsmuster der Mehrheitsgesellschaft lange Zeit kaum wissenschaftlich gesprochen wurde, macht eines sehr deutlich: *Von einer gegenseitigen Akkulturation, hin zu einer multikulturellen Gesellschaft, konnte bislang bzw. kann (noch) nicht ausgegangen werden.* Dies sollte sich ändern! Hier sind politisch noch viele Fragen offen. So z.B. die Frage, in was für eine Kultur die Menschen mit Zuwanderungsgeschichte integriert werden sollen? Gibt es eine Leitkultur? Um diese Frage zu klären bedarf es einer *Grundwertediskussion*, die bislang fehlt. Hier sollte die Politik weniger zaghaft sein und die derzeitige Situation klar definieren: Deutschland ist ein Einwanderungsland, welches sich im Anschluss an eine christlich geprägte historische Entwicklung heute den Herausforderungen einer multikulturell zusammengesetzten und global ausgerichteten Gesellschaft stellen muss.

Politisch gewünschte Integration sollte als zivilgesellschaftlicher Prozess definiert werden, weshalb er notwendiger Integrationsmaßnahmen sowohl hinsichtlich der Menschen mit Zuwanderungsgeschichte als auch der Menschen der Mehrheitsgesellschaft bedarf! Gemeinsames Ziel sollte die kooperative Entwicklung einer multikulturellen Gesellschaft sein.

Stellt sich die Frage, wie das Ziel der gegenseitigen Integration erreicht werden kann? Integration als politische Aufgabe ist als gesamtgesellschaftlicher Prozess zu werten, der weder vom Staat alleine zu bewältigen ist, noch ausschließlich als Privatsache betrachtet werden kann. Integration als zivilgesellschaftlicher Prozess fordert von der Politik die Verbesserung rechtlicher Regelungen von MigrantInnen als auch die Motivation der Kräfte der Zivilgesellschaft. Beides kann vom bereits bestehenden Amt des Beauftragten der Bundesregierung für Migration, Flüchtlinge und Integration geleistet werden, sofern es entsprechende Befugnisse erhält.

Sind die politischen Voraussetzungen geschaffen, dann kann die Politik Nägel mit Köpfen machen. Der nächste Schritt ist die „Buchung" – das „Reiseziel" der Integration aller in unserer multikulturellen deutsche Gesellschaft wird „gebucht". Die „Anzahlung" könnte in einem entsprechenden *Integrationsqualitätssicherungsgesetz* (ähnlich dem bestehenden Pflegequalitätssicherungsgesetz) bestehen. Dieses könnte das Amt des Beauftragten der Bundesregierung für Migration, Flüchtlinge und Integration sowohl als Amt zur Entwicklung von Integrationskonzepten als auch als qualitätssichernde Institution definieren. Hierfür müsste das Amt mit hinreichenden Befugnissen und ausreichenden Finanzmitteln ausgestattet werden.

Maßnahmen durchführen

Für den Prozess der Integration einer Einzelperson ist ein Sprachkurs unerlässlich. Die Sprache als Möglichkeit der Verständigung eröffnet Wege in die sozialen Strukturen der Gesellschaft und ermöglicht somit die Integration.

Neben der Sprache erscheint auch ein gewisses Maß an Hintergrundwissen kultureller Zusammenhänge der Aufnahmegesellschaft unerlässlich. Das neue Zuwanderungsgesetz sieht „Integrationskurse" vor, welche auf die Überwindung (anfänglicher) Sprachbarrieren und auf die Vermittlung der Werte und Funktionsweisen der bundesrepublikanischen Gesellschaft ausgerichtet sein sollten. Dabei bleiben die Kurse jedoch im Wesentlichen auf die Inhalte eines Sprachkurses begrenzt.

Entsprechend der Sprach- und Wissensförderung einer einreisenden Einzelperson liegt ein Schlüssel für einen gelungenen gesellschaftlichen Integrationsprozess in der Bildung. Hier bedarf es neben Programmen und Maßnahmen zum Abbau der Bildungshemmnisse der Menschen mit Zuwanderungsgeschichte, insbesondere bei Kindern und Jugendlichen, auch konzeptioneller Änderungen der Bildungsinhalte und der Didaktik.

Ebenso sollten im Rahmen einer nachholenden Integrationspolitik länger ansässigen Menschen mit Zuwanderungsgeschichte Angebote zur freiwilligen Teilnahme an Integrationsmaßnahmen zur Verfügung stehen (vgl. Bericht der unabhängigen Kommission „Zuwanderung", S. 201).

WissenschaftstheoretikerInnen und Lehrende sollten in Arbeitsgruppen bestehende Konzepte zur Umsetzung interkultureller Bildung und Konzepte zur Integration muttersprachlichen Lernens analysieren und hieraus praxisorientierte Vorschläge entwickeln. Erfahrungen, die in diesem Kontext von Bedeutung sein können, könnten über die Kultusministerkonferenz zusammengetragen werden. (Zur Umsetzung der Maßnahmen hinsichtlich des Bildungsbereiches finden Sie ausführliche Informationen unter dem Stichwort Bildung in den jeweiligen Kapiteln.)

Soziale Integration durch Wohnungsbaupolitik:

Eine eingereiste Person wird nach angemessenem und bezahlbarem Wohnraum suchen. Je nachdem in welches soziale Umfeld diese Person zieht, kann sich mit dem Wohnraum auch die zukünftige Integrationswilligkeit oder Integrationsfähigkeit verbinden. Zieht die Person in ein entsprechendes ethnisch von der Herkunftskultur geprägtes Wohngebiet, so kann damit die Orientierung am Herkunftsland verbunden sein. Der Spracherwerb der Deutschen Sprache wird für eine aus der Türkei einreisende Person nahezu überflüssig, wenn diese Person in ein Wohnviertel mit türkischsprachiger Infrastruktur zieht.

Orientiert an diesem Beispiel kann die öffentliche Wohnungsbauförderung einen wichtigen Beitrag zur Integration leisten: öffentlich geförderter Wohnungsbau erreicht auch den zugewanderten Personenkreis und kann auf diese Weise steuernd eingreifen und z.B. Gettoisierung und damit einhergehende Ausgrenzung von Zugewanderten verhindern. Entsprechende Wohnungsbauprogramme sollten und könnten für den Abbau und die Vermeidung von sozialräumlichen Konzentrationen sozialer Problemlagen nützlich sein. Ebenso sollten und könnten hierdurch Diskriminierungen beim Zugang zum Wohnungsmarkt beseitigt und die Wohnqualität in sozialen Brennpunkten gesteigert werden. Dies alles würde letztlich der Integrationsförderung dienlich sein.

Da die Verantwortlichkeit in diesem Bereich sowohl dem Bund, den Ländern und den Kommunen zugeordnet ist, bedarf es zur Durchsetzung dieser Ziele der Etablierung von Vernetzungsstrukturen zur Planung und Koordination von Integrationskonzepten sowie der interkulturellen Öffnung der beteiligten verantwortlichen Institutionen.

*Soziale Integration durch Arbeitsmarktpolitik/
Ausbildung:*

Für eine nach Deutschland einreisende Einzelperson stellt die Möglichkeit der Arbeitsaufnahme einen wesentlichen Integrationsaspekt dar. Für manche Einreisende besteht jedoch ein generelles Arbeitsverbot. So für Asylbewerber mit Aufenthaltsgestattung in Landeseinrichtungen und Asylbewerber mit Duldung und Einstufung nach §1a AsylbLG. Asylbewerber mit Duldung direkt nach Einreise oder Duldung nach negativem Asylverfahren, sowie Ehegatten und Kinder von Ausländern mit Aufenthaltsbewilligung bzw. befristeter Aufenthaltserlaubnis hatten bis November 2014 eine Wartefrist von 9 Monaten bzw. einem Jahr zu bewältigen, bevor sie eine Arbeitserlaubnis erhalten konnten. Seither hat sich diese Wartefrist auf drei Monate verkürzt. Grundsätzlich gilt jedoch, dass für eine konkrete Beschäftigung eine Erlaubnis bei der Ausländerbehörde beantragt werden muss, wobei diese Behörde die Zustimmung der Agentur für Arbeit einholen muss.

Neben diesen Hemmnissen spielen noch Anerkennungen von Schul- bzw. Berufsabschlüssen eine entscheidende Rolle bei der Integration in den Arbeitsprozess.

Wie diese Schilderungen zeigen erscheinen arbeitsrechtliche Gründe im Kontext eines gesellschaftlichen Integrationsprozesses von Bedeutung. Hier ist sowohl die Politik als auch die Bildung sowie die Wirtschaft aufgefordert Hemmnisse zu überwinden, damit die Humanressourcen und Kompetenzen von Menschen mit Zuwanderungsgeschichte optimal gefördert und genutzt werden können. (Hierzu enthalten die jeweiligen Kapitel unter Wirtschaft/Unternehmen ausführliche Informationen)

Wie das Beispiel der Kosovarin in Abschnitt „Rechtprüfung" zeigte, können einreisende Personen sich mit ihren Anliegen an Migrantensozialdienste wenden und dort Hilfe finden. Die Kosovarin wurde z.B. vom Fachdienst für Migration, Flüchtlinge und Integration des Kirchenkreises Simmern-Trarbach unterstützt.

Maßgebliche Potentiale zur Umsetzung einer Integrationspolitik im zivilgesellschaftlichen Bereich liegen bei den Wohlfahrtsverbänden, den Selbsthilfeorganisationen und insbesondere auch bei den Migrantenselbstorganisationen. Die damalige Beauftragte der Bundesregierung für Migration, Flüchtlinge und Integration hat bereits ein gemeinsames Positionspapier (Anforderungen an eine moderne Integrationspolitik, 2003) mit der BAGFW (Bundesarbeitsgemeinschaft der Freien Wohlfahrtsverbände) vorgelegt. In diesem Positionspapier heißt es: „Chancengleichheit, soziale Gerechtigkeit, bürgerschaftliche Mitverantwortung sind Grundwerte unserer Gesellschaft. Sie müssen für alle Menschen Geltung erhalten, die absehbar dauerhaft in der Bundesrepublik leben." In diesem Sinne bedarf es innerhalb des Integrationsprozesses einer interkulturellen Öffnung des Sozialwesens, sowie der Förderung von Bürgerengagement und Ehrenamt. (Die Ausführungen unter dem Stichwort Dienstleistung stellen hierzu ausführliche Informationen zur Verfügung.)

In Reaktion auf die Zuwanderung wurden in vielen Städten und Gemeinden seit Ende der 60er Jahre Ausländerbeiräte installiert. Diese werden inzwischen vielfach (je nach Kommune) auch als Ausländerrat, Integrationsbeirat oder Integrationsrat bezeichnet. Diese sollten die Kommunalpolitik beraten und die Interessen der Zugewanderten vertreten. In Erfüllung ihres Auftrages haben die Integrationsräte Erfolge erzielt aber auch Misserfolge hinnehmen müssen. Dabei spielt der Gestaltungsspielraum beim Zusammenwirken des kommunalen Rates und seiner Ausschüsse mit dem Ausländerbeirat eine besondere Rolle.

Für das Gelingen eines Integrationsprozesses scheint es notwendig, sowohl MigrantInnen zur Partizipation durch eingerichtete politische Institutionen zu motivieren, als auch bestehende Migrantenorganisationen stärker in den Prozess zu integrieren. Die Förderung und Qualifizierung von Migranten-(selbst)organisationen und Ehrenamt erscheint hierfür ebenso notwendig, wie Maßnahmen zur interkulturellen Öffnung aller Vereine, Jugendgruppen usw.

Daneben erscheint ein kommunales Wahlrecht für alle hier lebenden Menschen mit Zuwanderungsgeschichte, welche einen verfestigten Aufenthaltsstatus besitzen, auch für deren Beteiligung in Arbeitsgruppen, Kommissionen und an Entscheidungsprozessen förderlich.

Eine gelungene Vernetzung möglichst vieler Akteure scheint ebenso geboten, wie die Aufhebung des Akzeptanzproblems fehlender deutscher Staatsangehörigkeit bei Einstellungsentscheidungen.

„Insgesamt lässt sich – vergleicht man die Ausgangsbedingungen und die Art der Anwerbung – eine weitgehende ökonomische und soziale Integration konstatieren. Ebenso deutlich wird aber auch in der Zahlenentwicklung, dass Ausländer an den strukturellen Veränderungen der Gesellschaft hin zu den anspruchsvolleren Dienstleistungsberufen kaum teilgenommen haben." (Kosten der Nichtintegration ausländischer Zuwanderer, Ministerium für Arbeit, Gesundheit und Soziales NRW, S.82ff)

Die fehlende Teilnahme an den strukturellen Veränderungen werden gesellschaftspolitische Auswirkungen haben, welche der notwendigen Förderung von Chancengleichheit und Partizipation von Menschen mit Zuwanderungsgeschichte entgegenstehen könnten.

Staatsbürgerrecht:

Eine gelungene Integration ist nicht nur dann gegeben, wenn die eingereiste Person die deutsche Staatsbürgerschaft angenommen hat. Ebenso wenig ist eine Integration zwingend gegeben, sofern die Staatsbürgerschaft angenommen wurde.

Dennoch lassen sich mit der deutschen Staatsbürgerschaft Rechte und Pflichten verbinden, welche Integrationsfördernd wirken.

„Bedenkt man die Tatsache, dass auch die schulischen Qualifikationen der jungen Ausländer sich in den vergangenen Jahren positiv entwickelt haben, so liegt das Akzeptanzproblem offensichtlich in der Staatsangehörigkeit begründet. Ihr Fehlen wirkt als formale Zugangshürde bei den Berufen im Staatssektor, auch wenn diese Hürde legaliter für EU-Angehörige weitgehend beseitigt ist. Für andere Berufe wirkt die Staatsangehörigkeit als Referenzkriterium für die Entscheidung über die Einstellung, ähnlich wie es traditionell für das Geschlecht der Fall ist." (Kosten der Nichtintegration ausländischer Zuwanderer, Ministerium für Arbeit, Gesundheit und Soziales NRW, S. 82ff)

Bewertet man diesen Zusammenhang, so wird die Notwendigkeit interkultureller Öffnung aller gesellschaftlichen Systeme und Strukturen bis hinein in das lokale Gemeinwesen deutlich.

Vernetzung notwendig:

Im Rahmen zielorientierter Integrationsmaßnahmen sollte die zentrale Koordinierungsstelle MitarbeiterInnen als Mittelspersonen einsetzen und begleitende Arbeitsgruppen bilden. Integrationsbeauftragte in den Kommunen, in Wirtschaft und Unternehmen sowie in den Spitzenverbänden sollten für die Umsetzung der

Maßnahmen und die Vernetzung der Strukturen verantwortlich sein (hierzu Kap. **A 5.5.**).

Die von der Koordinierungsstelle zu bildenden Arbeitsgruppen sollten sich zusammenfinden und themenbezogen arbeiten.

Dabei sollten sich die jeweiligen Arbeitsgruppen z.B. aus Vertretern der Kirchen aber auch weltlicher Organisationen, Vertretern aus Wissenschaft, Wirtschaft und Politik sowie Vertretern von Minderheitenorganisationen zusammensetzen. Es ist darauf zu achten, dass die Erarbeitung und Umsetzung eines interkulturellen Gesamtkonzeptes die frühzeitige Einbeziehung aller Akteure erfordert.

Im Rahmen einer Kooperation sollte sich eine Arbeitsgruppe auch auf einen Prozess der notwendigen *Grundwertediskussion* einlassen, so dass hieraus ein politisches Leitbild formuliert werden kann. Der sensible Umgang mit bestehenden Ängsten vor Überfremdung von Seiten der Mehrheitsbevölkerung bzw. vor Identitätsverlust auf Seiten der Minderheitenbevölkerung sollte innerhalb dieser Diskussion einen zentralen Stellenwert haben.

Aus allen Arbeitsgruppen sollte ein Pool für Informationen und Erfahrungsaustausch entstehen. Bei der Besetzung aller Arbeitsgruppen ist die enge Abstimmung mit den jeweiligen politischen Fachressorts zu bedenken. Dieses Vorgehen sichert die Akzeptanz der Ergebnisse und ermöglicht eine frühe Vermittlung des Themas in die jeweiligen Bereiche.

Zielvorgaben wie z.B. die Entwicklung von Lehrplänen mit interkulturell orientiertem Fokus, Formulierung von Gesetzestexten zum Schutz vor Diskriminierung usw. könnten konkret aus diesen Arbeitskreisen hervorgehen, wobei die Handlungsspielräume vorher zu definieren sind.

Politisch wäre man nun auf dem Weg! Nun gilt es das Klima freundlich zu halten und die sicherlich auch differierenden Standpunkte zusammenzuführen. Diplomatisches Geschick ist hierbei ebenso gefragt wie Verständnis für die unterschiedlichen Positionen. Die Mehrheitsgesellschaft als auch die Menschen mit Zuwanderungsgeschichte sollten stets informiert sein, wobei der Austausch von Standpunkten schwelenden Vorurteilen vorbeugen kann. Hier ist entsprechende Öffentlichkeitsarbeit notwendig.

Regelmäßige Treffen von Sprechern der einzelnen Arbeitsgruppen bzw. die Einrichtung einer Steuerungsgruppe gewährleisten einen kontinuierlichen Austausch und sichern die interdisziplinäre Zusammenarbeit. Eine klare zeitliche Vorgabe gewährleistet eine zielorientierte Konzentration innerhalb der Arbeitsgruppen.

An die Politik könnten als Ergebnisse der Arbeitsgruppen von Seiten des Amtes deutliche Forderungen formuliert werden. So z.B. die Forderungen nach

- Chancen- und weitgehender Rechtsgleichheit von MigrantInnen durch Veränderungen im Ausländer- und Asylbewerberleistungsgesetz, sowie die Anwendung der bereits genannten EU-Richtlinien gegen Diskriminierung,

- Verstärkung von Maßnahmen im Bereich der nachholenden Integration (die Integrationsdebatte darf sich nicht einseitig auf Neuzuwanderer konzentrieren),

- Veränderungen struktureller und rechtlicher Rahmenbedingungen für MigrantInnen hinsichtlich Bildung, Ausbildung und Beschäftigung, Wohnungsmarkt, Wirtschaftsförderung usw.

Integrationsziel: Multiethnische und multireligiöse Gesellschaft:

Der gesellschaftliche Prozess der Integration ist ein langwieriger, über Generationen andauernder Prozess. Aus diesem Grund sollte er regelmäßigen Überprüfungen unterliegen: Nach einer gewissen Zeit sind erste Veränderungen spürbar. Spätestens in diesem Moment beginnt die „Analyse" des bisherigen Prozesses. Durch den Rückblick sieht man noch einmal, was besonders effektiv oder eher sinnlos bis hin zu destruktiv war. Welcher Teilnehmer war verlässlich und produktiv, wer eher nicht? War der gesetzte Zeit- und Finanzrahmen groß genug oder sind die Ergebnisse in Anbetracht der gesetzten Rahmenbedingungen akzeptabel?

KVP – Kontinuierlicher Verbesserungsprozess

All diese Erkenntnisse, die beim Rückblick auf die geleistete politische Arbeit gewonnen werden, fließen in die Planung zukünftiger Aktionen mit ein. So unterliegt die politische Integrationsarbeit einem kontinuierlichen Verbesserungsprozess **(KVP)** und kann so zu einem nachhaltig friedlichen Miteinander führen, welches weit über den gegenwärtigen Stand der eher ignoranten Koexistenz hinausgeht.

5. Kunden Interkultureller Arbeit

5.1. Problemfeld Kunden Interkultureller Arbeit

♦ Hinsichtlich interkultureller Arbeit erscheinen alle Menschen in Deutschland als Kunden. Politische oder sozialgesellschaftliche Änderungen in diesem Bereich des sozialen Miteinanders beeinflussen auf vielfältigste Weise sowohl die Lebenssituation der Menschen mit Zuwanderungsgeschichte als auch die Mitglieder der Mehrheitsgesellschaft. Dabei sind selbstverständlich nicht immer alle in gleicher Weise betroffen (z.B. siehe **A 6.1.**).

Als direkte Kunden der Interkulturellen Arbeit sind MigrantInnen hervorzuheben. Auch wenn MigrantInnen bislang vielfach ihre Kundenanforderungen nicht im

Sinne einer Kundensouveränität deutlich formulieren (sie tun dies z.B. mit ihrer Forderung nach Islamunterricht an deutschen Schulen), so sollten im Sinne des notwendigen Integrationsprozesses deren Anforderungen ermittelt und in die gesellschaftliche Strukturen integriert werden.

Es gilt jedoch zu bemerken, dass MigrantInnen in ihrer Souveränität eingeschränkt sind. Kunden sind per Definition frei in der Auswahl von Leistungen und in ihrer Entscheidungsfindung. Gesetzliche Vorgaben und gesellschaftliche Zwänge schränken den Handlungsspielraum von MigrantInnen jedoch ein.

Im politischen Bereich scheint eine interkulturelle Öffnung in vielfältiger Weise problematisch. Die Wirtschaft verlangt eine Öffnung, da sie Arbeitskräfte aus dem Ausland benötigt (Stichwort Greencard für IT-Fachkräfte, 2000 - 2004). Gleichzeitig formuliert ein großer Teil der Bevölkerung Ängste vor Überfremdung. Die Menschen mit Zuwanderungsgeschichte entwickeln parallel in wachsendem Maße politisches Selbstbewusstsein und treten für Gleichbehandlung ein (z.B. Forderung nach Islamunterricht an den Schulen). In diesem politischen Balanceakt scheint die Politik zur Formulierung und Verankerung eines Zuwanderungsgesetzes, welches allen Beteiligten gerecht wird, unfähig. Forderungen der EU nach gesetzlicher Verankerung von bestehenden EU-Richtlinien („Zur Anwendung des Gleichbehandlungsgrundsatzes ohne Unterschied der Rasse oder der ethnischen Herkunft" sowie „Zur Festlegung eines allgemeinen Rahmens für die Verwirklichung der Gleichbehandlung in Beschäftigung und Beruf") wurden lange Zeit nicht umgesetzt, obwohl die von der EU festgelegten Fristen bereits abgelaufen waren. Hinsichtlich des Integrationsprozesses ist die Politik aufgefordert, deutliche Signale zu setzen, wobei sie sich der sozialen Verantwortung ihrer Entscheidungen bewusst sein sollte. (Hierauf wird in Kapitel 3 näher eingegangen).

Hinsichtlich *der Forderungen der Wirtschaft bzw. der Unternehmen* ist zu konstatieren, dass diese vielfach global orientiert sind und sich die Belegschaft oft interkulturell zusammensetzt. Aus diesem Grund sind Unternehmen häufig an einer interkulturellen Öffnung interessiert (obgleich sie dies nicht unbedingt auch als Qualitätsstandard des Unternehmens verankern wollen).

Bewertet man *Forderungen an die Bildung* so ergibt sich wieder eine eher kontraproduktive Bewertung: Die Schulen sind als Institutionen nicht unabhängig von der Gesellschaft zu betrachten. Das Schulsystem der modernen Industriegesellschaft steht in einer instrumentalen Beziehung zu den umfassenden gesellschaftlichen Bezugssystemen. So muss das Schulsystem mit seinen Einflussmöglichkeiten, der Wirtschaft, der Sozialstruktur (= Gesellschaft) und dem politischen Bereich, letztlich dem Staat gerecht werden. Die Schule besitzt deshalb eine doppelte Funktion. Einerseits will sie, indem sie den Sozialisationsprozess mitbestimmt, Persönlichkeiten aufbauen, verändern oder festigen. Andererseits will sie auch die Gesellschaft mit ihrer Kultur reproduzieren. Sofern sich die Gesellschaft nicht als interkulturelle (= multikulturelle und multireligiöse) Gesellschaft und Kultur, sondern weiterhin eingeengt in eine „Leitkultur" definiert, erscheint die bildungspolitisch zu etablierende Zielsetzung einer interkulturellen Öffnung unmöglich (hierzu finden Sie in Kapitel **B 4.2.** nähere Informationen).

Im Kontext von *Forderungen innerhalb des Dienstleistungssektors* sind ebenfalls negative Strömungen zu nennen: So können z.B. Leitbilder und Konzeptionen kirchlicher Organisationen der Anstellung andersgläubiger Mitarbeiter im Wege stehen. Die angesprochene Klientel (MigrantInnen) könnte das Fehlen von MigrantInnen im Mitarbeiterstab kirchlicher Institutionen als Ausgrenzung empfinden, so dass sie auf die jeweilige Herkunftsgruppe spezialisierte Einrichtungen einfordert und hierdurch den Prozess der Segregation (Ausgrenzung) weiter verstärkt.

Es gibt für jeden Sektor verschiedene gesetzliche Regelungen oder behördliche Auflagen, die es einzuhalten gilt.

Im interkulturell orientierten Kontext sind zurzeit keine die interkulturelle Öffnung verhindernde gesetzliche Regelungen bekannt. Dennoch sind an dieser Stelle als Rahmenkonstanten das Zuwanderungsgesetz, das Ausländergesetz, das Asylbewerberleistungsgesetz sowie das Staatsbürgerschaftsrecht zu nennen. Von der Umsetzung der bereits genannten EU-Richtlinien in bundesdeutsche Gesetzestexte wurde in diesem Zusammenhang eine erhebliche Verbesserung erwartet, die jedoch leider so nicht eintraf.

5.2. Politische Partizipation von MigrantInnen

Was erwarten die Einwohner der Bundesrepublik als Kunden von der Politik? Welches Kundenprofil bieten sie?

Wenn man die „PEGIDA-Bewegung" (Patriotische Europäer gegen die Islamisierung des Abendlandes) und deren Anziehungskraft betrachtet, so scheinen damit einzelne Personenkreise ihre Ängste artikulieren zu wollen. Dabei geht es vielfach nicht ausschließlich um den Islam. Vielmehr scheinen gesellschaftliche Kräfte ihre „Schäfchen ins Trockene bringen" zu wollen. Nirgends in unserer Gesellschaft scheint ein „großes Ganzes", ein „Wir kämpfen für ..." mehr sichtbar. Früher wurde z.B. für „soziale Gerechtigkeit" oder „Bildung für alle" gekämpft. Heute sind solche gesellschaftlichen Kämpfe Vergangenheit. Die Gemeinschaft scheint an gemeinsamen Werten und Visionen zu verlieren.

Dies schwächt die Gesellschaft und lässt manche Menschen, vor allem im Gegenüber dem vermeintlich stark zusammenhaltenden Islam, zunehmend Ängste entwickeln. Der Islam erscheint als Inbegriff von Zusammenhalt und Gemeinschaft, während es in der westlichen Welt, wie der Philosoph Jean Baudrillard sagt, an „großen Erzählungen" fehlt, die uns alle fesseln und somit zusammen schweißen. Jede/r versucht, für sich noch das Beste heraus zu holen, wobei das „wir" auf der Strecke bleibt.

Der US-Kulturhistoriker Richard Sennett warnt in seinem Buch „Der flexible Mensch": „Ein Regime, das Menschen keinen tiefen Grund gibt, sich umeinander zu kümmern, kann seine Legitimität nicht lange aufrechterhalten." Orientiert an Sennett sollten *WIR* wieder einen Grund finden, um uns umeinander zu kümmern, damit unser Regime seine Legitimität noch lange aufrechterhalten kann. *Dieses WIR-Gefühl kann im gemeinschaftlichen Aufbau einer nachhaltig friedlichen multikulturellen und multireligiösen Gesellschaft, die gerecht ist, bestehen.* Doch dieses Bewusstsein für eine solche multikulturelle Gesellschaft *muss* erst politisch gewollt und in der Mehrheitsgesellschaft gefördert werden.

In den ethnischen Minderheiten besteht ein politischer Wille, sich für und in der Gesellschaft zu engagieren. Die Aktivitäten der Ausländerbeiräte bestätigen dies.

Hinsichtlich der Wahrnehmung der Kundenanforderungen im politischen Kontext bestehen jedoch Probleme der Zuordnung der Zuständigkeitsbereiche. So gibt es EU-Angelegenheiten, Bundesangelegenheiten, länder- oder kommunalpolitische spezifische Zusammenhänge. Hier erscheint im Sinne einer effektiven und nachhaltigen Integrationspolitik eine Vernetzung dringend erforderlich. Ausschließlich durch eine Vernetzung können MigrantInnen die Bereiche möglicher politischer Beteiligung dargelegt werden. So könn(t)en sich diese Beteiligen als:

- Professionelle und/oder nebenamtliche Mitarbeiter-
Innen (auch in Leitungsfunktionen) in Verwaltung,
nichtkommunalen Institutionen, in Kindergarten,
Schule, allgemeinen Sozialen Diensten, Volkshoch-
schulen, Gewerkschaften, bei IHK, Arbeitsamt, Polizei,
in Stadtteilzentren, Nachbarschaft, lokalen Medien
(Presse, Lokalradio)

- ehrenamtliche Mitglieder (auch in Leitungsfunktionen)
als Partei- oder Ratsmitglied, als sachkundiger Bürger
oder Einwohner, als direkt gewähltes Integrations-
beiratsmitglied, in SchülerInnen- oder Elternver-
tretungen, als Mitglied von anerkannten Wohlfahrts-
oder Jugendverbänden, als Personal- oder Betriebsrat,
im Mieterrat, bei Einwohnerversammlungen, in
interkulturellen Initiativen, als EinwohnerInnen im
Stadtteil,

Eine Beteiligung von MigrantInnen bzw. von
Menschen mit Zuwanderungsgeschichte sollte auf allen
strukturellen Ebenen möglich sein und ist es bereits
vielfach schon. Es stellt sich die Frage, warum
MigrantInnen so wenig von ihren Möglichkeiten der
Partizipation gebrauch machen. Es wäre sicherlich zu
einfach, kulturelle Differenzen als Gründe hierzu
anzuführen. Die Probleme des interkulturellen Miteinanders lassen sich nicht auf kulturelle Differenzen
reduzieren. Dennoch können diese Differenzen zu
Irritationen führen. Dies z.B. sofern unterschiedliche
Verständnisse von Hierarchien und Obrigkeit gegeben
sind. Betrachtet man kulturelle Unterschiede, so
bestehen diese z.B. in unterschiedlichen:

Kulturdimensionen:

- Soziale Bindungskonzepte (Kollektivistisch –
  individuell)
- Machtdistanz (groß – klein)
- Unsicherheitsvermeidung (schwach – stark)
- Maskulinität – Feminität
- Orientierung (kurzfristig – langfristig)

Betrachtet man das Verhältnis von MigrantInnen zur Obrigkeit so sind Machtdistanz und Unsicherheitsvermeidung zwei zu analysierende Kulturdimensionen:

Machtdistanz als „Grad, bis zu dem die weniger mächtigen Mitglieder von Institutionen und Organisationen in einem Land die ungleiche Verteilung der Macht erwarten und akzeptieren." (Losche S. 28)

Dies bedeutet für die Länder mit höherem Machtgefälle die Erwartung eines mehr autoritären Systems und Weisungen von oben nach unten. Viele MigrantInnen bzw. Menschen mit Zuwanderungsgeschichte kommen aus Ländern mit eher autoritären Gesellschaftssystemen. Sie erwarten deshalb Weisungen von oben und erkennen ihre eigenen Einflussmöglichkeiten nur bedingt. Es fehlt letztlich an einem durch Erziehung und Bildung geschulten Demokratieverständnis.

Im Gegensatz dazu stehen Länder mit einem geringeren Machtunterschied, die eher demokratische Entscheidungsprozesse erwarten und in die Richtung einer Gleichberechtigung von Vorgesetzten und Angestellten, Lehrern und Schülern, Eltern und Kinder tendieren. Im demokratisch orientierten Land der Bundesrepublik sind MigrantInnen bereits Möglichkeiten der gleichberechtigten Teilhabe gegeben. Diese zu nutzen liegt ihnen jedoch häufig noch fern, da sie ein anderes, gegenläufiges Gesellschaftskonzept gewohnt sind und kaum über ein geschultes Demokratieverständnis verfügen. Aufklärung und Bildung sind in diesem Kontext notwendig, um MigrantInnen zu integrieren.

Dies betrifft auch den Bereich der Unsicherheitsvermeidung. Dieser wird definiert durch den „Grad, bis zu dem sich die Angehörigen einer Kultur durch ungewisse oder unbekannte Situationen bedroht fühlen." (Losche S. 29)

In Ländern, in denen dieser sich auf einem niedrigen Niveau bewegt, bedeutet dies u.a., dass hier Unsicherheit als Bestandteil des Lebens akzeptiert wird, Toleranz gegenüber andersartigem eher gewährt ist, Regeln nur so weit als nötig erstellt werden.

Die meisten MigrantInnen kommen aus Ländern, in welchen Unsicherheit als Bestandteil des Lebens akzeptiert wird. Sie sind es gewohnt, ihr Leben weitestgehend ohne öffentliche Regeln zu gestalten und nehmen deshalb manche Regeln in Deutschland als Einschränkung wahr.

Deutschland ist ein Land mit einem hohen Grad an Unsicherheitsvermeidung. Der Schilderwald auf den Straßen ist ein Beispiel hierfür. In Deutschland besteht die Tendenz, Abweichungen zu sanktionieren, alles per Gesetz zu regeln und Spezialisten einen hohen Rang einzuräumen. Dies Widerspricht MigrantInnen vielfach in ihrem Lebensgefühl, weshalb ihnen der Zugang zu politischen Entscheidungsgremien schwer fällt. Als potentielle Kunden der Politik, sollten diese Grundhaltungen vieler MigrantInnen Eingang in die politischen Überlegungen finden, damit eine Politik mit und nicht für MigrantInnen bzw. Menschen mit Zuwanderungsgeschichte möglich wird (vgl. Losche, S. 27ff).

5.3. Wirtschaftsfaktor MigrantInnen

Hinsichtlich des politischen Engagements von MigrantInnen als ArbeitnehmerInnen z.B. in Betriebsräten oder Gewerkschaften sind die gleichen Zusammenhänge zu bedenken, wie sie für die Teilhabe an der Politik dargelegt wurden.

Als potentielle Kunden für Produkte von Wirtschaft und Unternehmen sollten die Bedürfnislagen von MigrantInnen und Menschen mit Zuwanderungsgeschichte analysiert werden. So ist es für muslimische Kunden von Bedeutung, dass auf Verpackungen von Lebensmitteln z.B. eine detaillierte Auflistung der Inhaltsstoffe gegeben ist. Dies ermöglicht ihnen, sicher zu gehen, dass darin kein Schweinefleisch, oder etwas, was irgendwie Blut enthalten könnte (Gelatine) oder versteckter Alkohol verborgen ist.

Um eigene Produkte an die Bedürfnisse der MigrantInnen anzupassen sind kulturspezifische Analysen sinnvoll: welche Farben oder Formen bevorzugen MigrantInnen, welche Modetrends sprechen sie an? Z.B. unterliegt auch die Kleidung muslimischer Frauen den Trends der Pariser Mode: „Unsere Designer holen sich ihre Anregungen aus Paris, wie alle anderen Modehäuser auch. Wenn die Welt geschlitzte Röcke liebt, dann machen sie auch geschlitzte Röcke – nur mit dem Unterschied, dass unter dem Schlitz ein Futter ist und man nicht reingucken kann. Wir gleichen die internationale Mode an unsere Bedingungen an." (Rotraut Alkonavi im Interview, Brigitte 2/2004). Mode für muslimische Migrantinnen ist möglich und sollte nicht nur entsprechenden muslimischen Anbietern vorbehalten sein.

5.4. Bildung als Ware

MigrantInnen erwarten als KundInnen von Schule und Erziehung häufig etwas anderes als die Mehrheitsgesellschaft. Dies liegt einerseits am bereits erwähnten Verständnis von Hierarchie und andererseits an ihrer Einschätzung von Erziehung:

Für David Riesman (US-amerikanischer Soziologe, 1909 - 2002) sind in der amerikanischen Gesellschaftsgeschichte drei Typen des Konformitätsverhaltens existent, welche er mit den Begriffen „Traditionslenkung", „Innenlenkung" und „Außenlenkung" unterscheidet.

„Traditionelle Gesellschaften" verlangen und erwarten eine Anpassung an traditionelle Normen- und Wertsysteme ohne persönliche Stellungnahme, ohne die Möglichkeit individuell geprägter Veränderungen. Das Identitätsverständnis ist am Kollektiv und an der vollständigen Unterordnung unter dessen Vorgaben orientiert. Individualisierung wird in diesem System unterdrückt, da sie die Stabilität beeinträchtigen würde.

„Innengelenkte Gesellschaften" hingegen wollen durch die Auseinandersetzung mit dem Normen- und Wertesystem eine Selbstdisziplinierung im Sinne des Systems erreichen. Hier wird eine individuelle Verinnerlichung gefördert, die eine persönliche Stellungnahme voraussetzt. Im Identitätsverständnis existiert ein individualisiertes Individuum, welches sich jedoch systemkonform den Bedingungen des Kollektivs unterwerfen soll.

Das Phänomen der „außengeleiteten Gesellschaft" ist ein spezifisch westliches Modell, welches im Bezugsfeld von Marktwirtschaft und Konsum zu sehen ist. Das Identitätsverständnis ist hier stark individualisiert.

Bringt man Riesmans theoretische Betrachtungen in einem Kulturvergleich zur Anwendung, können Gesellschaften mit islamischer Tradition und islamischer Politik (wie z.B. in Iran) als „traditionelle Gesellschaften" gewertet werden. Laizistisch-islamische Gesellschaften, wie die Türkei hingegen werden im Übergang zur „Innenlenkung" gewertet, während die westliche Moderne in der BRD im Übergang zur „Außenlenkung" gesehen wird. Demnach ist bei der Betrachtung des Identitätsverständnisses und der Bewertung, wie dieses durch Erziehung geformt werden soll, zu beachten, dass ein spezifisch modernes Modell nicht auf alle Gesellschaftsformen übertragbar scheint.

Bei traditionsgelenkten Menschen wird keine individuelle Persönlichkeit gefordert, sondern die Übernahme und Anpassung an vorhandenes verlangt. Kinder lernen in solchen Gesellschaftsstrukturen extrinsisch, d.h. durch äußere Zwänge bestimmt. Sie lernen durch vorgegebene Regeln, wie sie sich verhalten sollen. Unter diesen Voraussetzung könnte sich z.B. ein Vater bei einem Schuldirektor mit der Feststellung: „Warum lernen die Kinder nicht, wie man was macht –

alles sollen sie selber erkennen. Wie soll das gehen?" beschweren. Im deutschen Schulsystem gilt der Grundsatz: „Du musst nicht alles wissen, Hauptsache du weißt, wo du es nachlesen kannst." Dies ist sicherlich der Weg, der in der derzeitigen Lebenswelt gefordert sein muss. Intrinsisches Lernen, aus eigenem Beweggrund motiviertes Lernen, ist in der sich ständig verändernden Zeit unerlässlich.

Diese und andere Zusammenhänge der Bevölkerung mit Zuwanderungsgeschichte verständlich zu machen ist notwendig um bei Eltern das notwendige Verständnis für die Bildungsleistung ihrer Kinder zu fördern.

Auch wenn sich Konflikte innerhalb des Bildungssystems nicht auf kulturelle Differenzen reduzieren lassen, so können die Erwartungen der einheimischen und der zugewanderten Eltern sowie die eigenen professionellen Standards bei Lehrkräften zu Konflikten führen. Untersuchungen belegen, dass im Umgang von ErzieherInnen und LehrerInnen mit schwierigen Situationen wie kultureller Differenz und Ausländerfeindlichkeit unter Schülern zum Teil erhebliche Schwierigkeiten bestehen. Hier sollte es zu einem Dialog über die unterschiedlichen Normen und Werte kommen. Ausschließlich auf dieser Grundlage können Eltern und Kinder konfliktfrei Kunden des bundesdeutschen Schul- und Bildungssystems sein.

5.5. MigrantInnen als Kunden im Dienstleistungssektor

Im Bereich der Dienstleistung sind einerseits die Verwaltungen und andererseits die Dienstleistungen im Bereich der Sozialen Arbeit zu nennen.

Mittlerweile stellt interkulturelle Kompetenz für ein qualitatives berufliches Handeln innerhalb einer Verwaltung in einer multikulturellen Gesellschaft, einen zu erfüllenden Qualitätsstandard dar. Menschen mit

Zuwanderungsgeschichte treten nicht nur im Ausländeramt, sondern in vielfältigsten Rollen in der Verwaltung auf: als Gewerbetreibende, als Eltern von SchülerInnen oder Vorschulkindern, als Bauherren, als Wohnungssuchende, als Verkehrsteilnehmer usw. Unterschiedlichste Ämter sind mit ihren Dienstleistungen mit Interkulturalität konfrontiert, so dass die interkulturelle Öffnung der Verwaltung nicht von einer Zentralstelle aus vorgenommen werden kann. Vielmehr bedarf es einer interkulturellen Kompetenz der MitarbeiterInnen in nahezu allen Ämtern und Dienststellen der Kommunalverwaltung. Diese kann als Grundlage zur Feststellung bedarfsgerechter Angebote kommunaler Verwaltung für Menschen mit Zuwanderungsgeschichte gewertet werden.

Die interkulturelle Öffnung der Verwaltung ist eine Querschnittsaufgabe, wobei die interkulturelle Gestaltung der Verantwortungsbereiche die interkulturelle Kompetenz der MitarbeiterInnen voraussetzt. Durch die interkulturelle Öffnung der Verwaltung erfüllen die Kommunen ihre integrationspolitische Aufgabe und tragen zur gleichberechtigten Teilhabe aller Bewohnerinnen und Bewohner am gesellschaftlichen, kulturellen und politischen Leben bei.

Die Anwendung bzw. Umsetzung von verwaltungstechnischen Zusammenhängen, welche im Sinne guter Arbeitsqualität auch den interkulturellen Aspekten gerecht werden, tragen somit zur Überwindung von Integrationsdefiziten und Ausgrenzungsrisiken der Menschen mit Zuwanderungsgeschichte bei.

Bei der Vorsorge, Diagnostik, Therapie, Pflege und Rehabilitation von Personen mit Zuwanderungsgeschichte bestehen erkennbare Versorgungsdefizite. Oft fehlen geeignete Sprachvermittler, da die Finanzierung solcher Dienste nicht geklärt ist oder weil sie nicht für notwendig empfunden werden. Daneben sind MitarbeiterInnen im Gesundheits- bzw. Sozialwesen häufig nicht ausreichend hinsichtlich kulturspezifischer Gesundheitskonzepte, Krankheitsbilder und Therapiemöglichkeiten ausgebildet (hiermit beschäftigt sich z.B. der Bereich der Ethnomedizin).

Die Kundenbedürfnisse von MigrantInnen bzw. Menschen mit Zuwanderungsgeschichte stoßen vor allem im Dienstleistungsbereich häufig auf Unverständnis: Klinikpersonal ist z.B. über das Besucherverhalten der Angehörigen verwundert bzw. gar verärgert. Für Angehörige, Nachbarn und Freunde eines muslimischen Patienten ist es jedoch eine besondere Ehre und Verpflichtung, den Kranken zu besuchen und ihm gute, nahrhafte Lebensmittel mit zu bringen. Dieser „Familien- und Freundschaftstherapie" sollte, bei allen notwendigen Einschränkungen, genügend Raum gewährt werden – für interkulturelle Aspekte sensibilisierte MitarbeiterInnen werden hiermit besser umgehen können! Beispiele wie dieses lassen sich vielfach aufzählen. Das Bedürfnis mancher Frau mit Zuwanderungsgeschichte von einer Ärztin oder zumindest in Anwesenheit einer „Zeugin" untersucht zu werden, ist hier ebenso zu nennen, wie das Bedürfnis eines muslimischen Gläubigen zur täglich fünfmaligen Verrichtung seiner Gebete.

Die Arbeit der Jugendhilfe kann als weiteres Beispiel der Probleme von MigrantInnen angeführt werden. Das Herantreten an öffentliche Einrichtungen der Jugendhilfe bedeutet für viele ausländische Familien das Eingestehen des Scheiterns eigener erzieherischer Bemühungen. Diese Hürde zu nehmen wird von vielen ausländischen Familien, in welcher der Wert der Familie sehr hoch gehalten wird, als erhebliche Barriere empfunden. Daneben sind in vielen Familien mit Zuwanderungsgeschichte die Kenntnisse über Art und Umfang der Arbeit von Jugendhilfeeinrichtungen eher gering. Hilfen werden deshalb meist erst sehr spät und mit mäßigem Erfolg in Anspruch genommen.

Soziale Arbeit bewertet sich als Hilfe und Unterstützung für Menschen und ihre jeweilige Lebenswelt. Zur Lebenswelt von MigrantInnen gehört deren

Zuwanderungsgeschichte, ihre je eigene Kultur, Religion und Lebensweise. Diese kann und darf im Kontext Sozialer Arbeit, die auftrags- und zielgruppenorientiert stattfinden soll, nicht unberücksichtigt bleiben.

So ist die Wertigkeit von Familie ebenso zu bedenken, wie das Zeitverständnis oder das Raumverhalten.

Wertigkeit von Familie:

Familie wird in jeder ethnischen Gruppe anders definiert: Für Deutsche und Amerikanische WASP's (weiße, angelsächsische Protestanten) steht der Begriff meist für die Kleinfamilie. Schwarze Amerikaner, Afrikaner oder Bewohner der Karibik sehen in der Familie eine Gemeinschaft, die z.B. auch die Cousins und Stieftanten beinhaltet. Italiener hingegen verbinden mit Familie drei bis vier Generationen, zu der auch Paten und alte Freunde gehören. Chinesen zählen alle Vorfahren und Nachkommen zur Familie, da ihnen ein anderes Konzept von Zeit zugrunde liegt.

Wie sich das Wissen um unterschiedliche Familienvorstellungen im Handeln äußern kann, erläutert folgendes Beispiel: Eine Schülerin kam sehr oft nicht in die Schule, weil sie die jüngeren Geschwister beaufsichtigen musste. Beide Eltern waren Einwanderer der Karibik. Obwohl die Eltern nicht zusammen lebten und keine Beziehung hatten, rief der Lehrer die Schwester des Vaters an. Diese übte über den Vater Druck auf die Mutter aus, so dass die Schülerin wieder regelmäßig die Schule besuchte.

In einer anderen ethnischen Gruppe wäre es als Mangel an Respekt gedeutet worden, sich nicht direkt an die Eltern zu wenden – hier verhalf es zum gewünschten Erfolg.

In Kapitel **A 5.2.** wurde bereits darauf hingewiesen, dass kulturelle Unterschiede z.B. hinsichtlich verschiedener Kulturdimensionen wie soziale Bindungskonzepte oder Machtdistanz bestehen. Daneben sind

Unterschiede in den Zeitkonzepten sowie bei den Raumkonzepten nachweisbar. Diese haben ebenfalls nachweisbare Wirkung auf das soziale Miteinander und sollten deshalb Beachtung finden. Die beispielhaften Ausführungen geben hierzu einen Einblick:

Zeitsysteme:

Jede Kultur hat ein eigenes Zeitsystem. Pünktlichkeit ist in Deutschland, der Schweiz, in Nordeuropa und den USA sehr wichtig. Dagegen entspricht Pünktlichkeit in Lateinamerika, dem mittleren Osten und in Südeuropa eher der Ausnahme und nicht der Regel. Eine einstündige Verspätung von Schülern und Lehrern kann in Peru als normal gelten.

Eine Vergangenheitsorientierung finden wir im Iran, in Indien und vielen asiatischen Ländern. In Amerika hingegen ist ein Gegenwarts- und Zukunftskontinuum zu finden.

In manchen Kulturen heilt Zeit alle Wunden, in anderen sind Menschen verstimmt über das, was sich vor Jahrhunderten ereignete.

Ein weitere Unterschied im Zeitverständnis findet sich im Gegenüber von *monochronem* und *polychronem* Zeitverständnis: In Deutschland, der Schweiz, in Nordeuropa und Japan werden Handlungsabläufe nacheinander segmentiert und hochstrukturiert, wobei der Zeitverbindlichkeit eine hohe Bedeutung beigemessen wird und Unterbrechungen als unwillkommen gewertet werden.

In Lateinamerika, den Mittelmeerländern und im Mittleren Osten hingegen laufen viele Handlungsabläufe gleichzeitig ab. Die Verpflichtung auf Zeiteinteilung bedeutet wenig, da menschliche Beziehungen wichtiger erscheinen als Termine. *Das polychrone Zeitverständnis bleibt auch nach mehreren Generationen im monochron orientierten Lebensumfeld erhalten* (vgl. Johann E. u.a., S. 90ff). Für diejenigen, die monochron orientiert sind, ist es wichtig, nicht auf Menschen mit polychroner Ausrichtung aus der Perspektive des eigenen Zeitsystems zu reagieren – die Bedeutung des Zuspätkommens ist einfach nicht dieselbe.

Raumkonzepte:

Im westlichen Raumkonzept bieten die eigenen vier Wände Ungestörtheit und Schutz. In der westlichen Kultur ist die Privatsphäre weitgehend identisch mit der eigenen Wohnung bzw. dem eigenen Zimmer, in dem die Intimsphäre gewahrt werden kann.

Öffentlichkeit ist ein imaginärer Raum, in dem „Leistung angeboten und nachgefragt, um Macht gestritten und durchgesetzt, der gesellschaftliche Konsens aufgekündigt oder hergestellt wird" – Öffentlichkeit beinhaltet, was mit gesellschaftlichem Leben gemeint ist.

Das westliche Raumkonzept stellt den offenen und latent undurchschaubaren öffentlichen Raum, dem geschützten Raum der Privatsphäre gegenüber.

Das muslimische Raumkonzept kennt keine Unterscheidung zwischen *privat* und *öffentlich*, sondern zwischen *innen* und *außen*, trennt zwischen Frau und Mann. Das Raumkonzept ist nicht örtlich gebunden – insofern wird unangemeldeter Besuch nie als Störung empfunden.

Der Innenraum (für die Frau) bildet eine geschlossene Einheit gegen ein offenes, unbegrenztes Außen. Der Außenraum ist der problematische für die Frau, der Innenraum der problematische für den Mann. Männer haben nur zu bestimmten Zeiten Zugangsrecht zu den Innenräumen (zum Essen und nachts oder in den Salon, in dem Besuch empfangen wird). Die meiste Zeit halten sich Männer im Außenraum auf – in ihm schaffen sie sich ihre Innenräume (sie bilden Gruppen auf der Straße, sitzen im Cafe oder in der Moschee).

Der Zugang in diese männlichen „Innenräume im Außen" ist den Frauen nicht oder nur schwer zugänglich. Der öffentliche Außenraum ist ihnen verwehrt.

In der Migration ändert sich diese eher auf die geschlossene muslimische Gesellschaft bezogene Beschreibung.

Das Raumverhalten spiel im Kontext Sozialer Arbeit häufig eine große Rolle: z.B. sind weibliche Besucher muslimischen Hintergrunds nicht in Jugendfreizeiteinrichtungen anzutreffen – diese entwickeln sich häufig zu „Innenräumen im Außen" für muslimische Jungen.

Frauengruppen, die auf Nachbarschaft basieren, können von weiblichen Muslimen als „Innenraum im Außen" definiert und angenommen werden – sobald dort Einfluss auf ihr Raumkonzept genommen wird (z.B. mit dem Lernziel: sich frei in der Öffentlichkeit bewegen) ziehen sich die Migrantinnen wieder zurück.

All die genannten Kulturdimension sollten hinsichtlich der Kundenorientierung Sozialer Arbeit aufgearbeitet und entsprechend in den Konzeptionen für migrantenorientierte Soziale Arbeit berücksichtigt werden.

6. Bedeutung der Kundenzufriedenheit

6.1. Integration betrifft alle

Eine grundlegende Forderung der Norm ist das Ermitteln von Kundenanforderungen. Es handelt sich dabei um eine Führungsaufgabe mit oberster Priorität. Hierbei sind nicht nur festgelegte Kundenforderungen, sondern auch nicht ausgesprochene Kundenwünsche zu erforschen. Nur wenn Kundenforderungen erkannt sind und verstanden werden, können sie auch erfüllt werden, um die Kunden zufrieden zu stellen. Die Zufriedenheit der Kunden ist für das Unternehmen von existenzieller Bedeutung. Ohne Kunden gibt es keine Organisation, schließlich bezahlt der Kunde für erhaltene Leistungen.

Wie bereits in Kapitel 5 deutlich wurde, sind alle Menschen der deutschen Gesellschaft auch Kunden interkultureller Arbeit, da sowohl Menschen mit Zuwanderungsgeschichte als auch die Mitglieder der Mehrheitsgesellschaft von oder durch diese Arbeit betroffen sind.

Manche Entscheidungen, wie Regelungen des Ausländer- oder Asylbewerberleistungsgesetzes treffen in erster Linie ausschließlich Zuwanderer. Die Folgen dieser Gesetze sind jedoch auch in der Sozialen Arbeit spürbar: so führt z.B. die Regelung, dass einem Asylbewerber nur 4,5qm Wohnraum zusteht dazu, dass diese Menschen nicht dezentral in Wohnungen, sondern konzentriert in Asylbewerberheimen untergebracht werden. Wenn in einem 500 Seelen Dorf ein Asylbewerberheim mit 250 Plätzen entsteht, so hat dies soziale Auswirkungen auf die dortige Wohnbevölkerung. Durch die gegebene Rechtslage wird somit sowohl die Kundenzufriedenheit der Asylbewerber als auch diejenige der Mehrheitsgesellschaft vor Ort negativ beeinflusst.

Politik:

Politische Entscheidungen treffen alle! Jeder, ob Staatsbürger oder ohne deutschen Pass, wird in seinem Lebensumfeld von der Politik beeinflusst. Insofern ist jede/r Kunde politischer Gegebenheiten und politischer Veränderungen. Aus diesem Grund sollte sich die Politik der sozialen Verantwortung ihrer Entscheidungen Bewusst sein (hierzu z.B. Kopftuchentscheid in Kapitel **B 3.4.**). Dabei ist besonders zu beachten, dass hier eine Wechselwirkung gegeben ist, da man nicht nur von der Politik beeinflusst wird, sondern diese auch direkt oder indirekt selbst beeinflusst.

Vielfach ist die Politik selbst Kunde sozialer Arbeit, da sie den Migrationsfachdiensten bzw. den sozialen Regeldiensten Aufgaben überträgt, welche diese im Sinne der Politik zu erfüllen haben. Die von der Politik hierfür eingesetzten Steuergelder sind messbare Kosten, wobei die Qualität der Programme und Projekte sowie das Erreichen ihrer Zielgruppe bislang nicht oder nur wenig nachvollziehbar gewährleistet ist.

Wirtschaft und Unternehmen:

Maßnahmen der Wirtschaft und von Unternehmen können sich ebenfalls auf alle oder auf spezifische Teilgruppen beziehen. Jede/r ist Kunde der Wirtschaft, sei es als ArbeitnehmerIn oder als KonsumentIn.

Bildung:

Bezüglich der Bildung treffen Maßnahmen ebenfalls alle, da in Deutschland eine allgemeine Schulpflicht besteht (ausschließlich illegalisierte Menschen und deren Kinder sind hiervon ausgenommen). Mitglieder der Mehrheitsgesellschaft als auch Menschen mit Zuwanderungsgeschichte sind in vielfältigster Weise Kunde der Bildung: im elementaren Bildungssektor ebenso wie in Schule, Berufsschule oder im Bereich der Erwachsenenbildung.

Dienstleistung:

Im Dienstleistungssektor können ebenfalls alle Menschen als Kunden definiert werden: Kranken- und Pflegedienste stehen allen offen! Manche Dienstleistung wird jedoch gezielt für spezifische Personenkreise, z.B. MigrantInnen angeboten.

6.2. MigrantInnen als unzufriedene Kunden

Unzufriedene Kunden wandern ab und sorgen dafür, dass andere potenzielle Kunden gar nicht erst den Weg zu unserer Organisation antreten. Sie kennen das vielleicht aus Ihrem eigenen Kundenverhalten: Negative Erfahrungen sprechen sich wesentlich schneller herum als gemachte positive Erfahrungen mit einem Produkt oder einer Dienstleistung. Wer sich richtig geärgert hat, muss auf jeden Fall Dampf ablassen und zwar ordentlich, was bedeutet, dass oft sehr emotional und unsachlich die Unzufriedenheit weiter getragen wird.

Dieses Kundenverhalten ist in allen Bereichen interkultureller Arbeit nachweisbar:

Politik:

In empirischen Untersuchungen konnte ein Zusammenhang von Stressoren und Lebenszufriedenheit von Zuwanderern nachgewiesen werden (vgl. Berry, Kim, Boski, 1987). In den einzelnen Untersuchungen fand sich die Bestätigung dessen, dass große Lebenszufriedenheit mit möglichst konfliktfreiem (integrierendem) Verhalten korreliert, während „Separation" und „Marginalisation" mit Unzufriedenheit einhergehen. Hier ist ein wechselseitiger Zusammenhang aufgedeckt, welcher die bereits dargelegten Akkulturationsmuster „Assimilation" und „Integration" Personen mit hoher Lebenszufriedenheit zuordnen lässt.

Die Lebenszufriedenheit von Migranten ist als psychosozialer Faktor auch an die Akkulturationsideologie des Aufnahmelandes gebunden. So führt eine Übereinstimmung von gegebener Akkulturationsideologie (des Gastlandes) und gelebtem Akkulturationsmuster des Migranten zu höherer Lebenszufriedenheit.

In der Bundesrepublik wird die doppelte Staatsbürgerschaft weitestgehend politisch abgelehnt. Dies rückt in der Bundesrepublik das Akkulturationsmuster „Assimilation" ins Zentrum der allgemeinen Akkulturationsideologie. Von der Politik wird die doppelte Staatsbürgerschaft verneint und die vollkommene Anpassung durch Annahme der deutschen Staatsbürgerschaft bei Aufgabe der ursprünglichen Staatsbürgerschaft gewünscht. Migranten, die sich in dieser Weise verhalten und sich „unauffällig" eingliedern, finden Anerkennung und Lebenszufriedenheit. Abweichendes oder Separierendes Verhalten wird nicht gewünscht. Viele türkisch-muslimische Migranten bevorzugen jedoch nicht das Akkulturationsmuster der Assimilation, sondern das der Integration, was sich in ihrem Wunsch nach Teilnahme an Wahlen sowohl in der Türkei als auch in Deutschland äußert (siehe Bierbrauer, S. 133, auch Kanacher 2003, S. 217f). Die doppelte Staatsbürgerschaft wird von den meisten Migranten gewünscht, da sie einen Abbruch bzw. einen Verlust ihrer Herkunftskultur befürchten, sobald sie sich eindeutig für die ausschließliche deutsche Staatsbürgerschaft aussprechen (hierzu BBB 1997, S. 149). In diesem Zusammenhang ist auch der Wunsch nach möglicher Rückkehr ins Heimatland von Bedeutung. Die Migranten halten an ihrem Gastarbeiterstatus fest, obgleich sich eine Verschiebung zur Einwanderung erkennen lässt (hierzu Waldhoff 1995, S. 19, in Fußnote 10). Mit den gegebenen politischen Rahmenbedingungen sind MigrantInnen eher unzufrieden, was sie trotz Integrationsbereitschaft zur Separation drängt!

MigrantInnen als Kunden der Politik sind nicht nur in diesem Punkt unzufriedenen Kunden der Politik. Dies hat Auswirkungen auf ihr Verhalten! Das Spektrum möglicher politischer Partizipation von MigratInnen ist bereits heute nicht sehr klein, dennoch nehmen sie diese Möglichkeiten politischer Einflussnahme nur unzureichend wahr. Hierfür erscheint das politisch favorisierte Akkulturationsmuster der Assimilation als mit verantwortlich. Inwiefern der Erwerb bzw. Nichterwerb der deutschen Staatsbürgerschaft gesamtgesellschaftlich wirken kann, sind in den Ausführungen zur Integration als Prozess und in Kap. **B 5.2.** beispielhaft dargelegt.

Wirtschaft/ Unternehmen:

Wirtschaft und Unternehmen haben MigrantInnen bislang überwiegend einseitig für sich entdeckt: als Arbeitskräfte. Doch selbst als Arbeitskräfte können Migranten vielfach als unzufriedene Kunden der deutschen Wirtschaft bewertet werden, da diese häufig die besonderen Qualifizierungsreserven, wie z.B. die Sprach- und Kulturkompetenz, von Migranten brach liegen lässt. Außerdem werden im Herkunftsland erworbene Qualifikationen vielfach kaum berücksichtigt bzw. erst nach einem sehr formalistischen Verfahren anerkannt.

Als Kunden im Sinne des Konsums wurden MigrantInnen bislang überwiegend noch nicht gezielt angesprochen. Dies ist sicherlich ein wesentlicher Grund, weshalb sich mittlerweile eine beachtliche Zahl von UnternehmerInnen ausländischer Herkunft auf dem deutschen Markt etabliert hat. In den 90er Jahren hat sich die Zahl der Unternehmerinnen und Unternehmer mit ausländischem Pass verdoppelt. 1999 waren bereits 281 000 UnternehmerInnen in mehr als 90 Branchen tätig. Die Schwerpunkte dieser Selbständigen liegen in der Gastronomie, Groß- und Einzelhandel, Reiseverkehr, Spedition, Friseur-, Installateur- und KFZ-Handwerk sowie in der Bauwirtschaft. Unzufriedene Kunden mit Zuwanderungsgeschichte konsumieren zunehmend Waren von Unternehmen deren Entstehung auf die Initiative von Menschen mit Zuwanderungsgeschichte zurück geht.

Bildung:

Auch in diesem Bereich macht sich die Unzufriedenheit von Menschen mit Zuwanderungsgeschichte in wachsendem Maße bemerkbar. Elternverbände von MigrantInnen (z.B. Verein Türkischer Elternbund für Dorsten und Umgebung e.V.) machen zunehmend auf die ungleiche Behandlung der Schülerschaft aufmerksam. Doch auch aus den Reihen der Pädagogen wird zunehmend Kritik laut. Die Gewährleistung von Chancengleichheit für Jugendliche ausländischer Herkunft in Bildung und Ausbildung ist aufgrund der deutlichen Unterschiede von deutschen und Jugendlichen ausländischer Herkunft als eine zentrale Aufgabe der Politik zu werten.

Betrachtet man die Statistiken über den Besuch weiterführender Schulen, so ist noch immer auffällig, dass die Beteiligung ausländischer Jugendlicher an weiterführenden Stufen des Schulsystems insgesamt eher gering ist. Während deutsche Schüler nur zu 4,6% ohne Hauptschulabschluss die Schule verlassen, liegt diese Zahl bei Jugendlichen ausländischer Herkunft bei mehr als doppelt so viel (10,7%). Beim Hauptschulabschluss verhält es sich ähnlich (15,5% zu 31%, siehe statista: Verteilung der Schulabschlüsse von deutschen und ausländischen Schulabsolventen/-abgängern von allgemeinbildenden Schulen in Deutschland im Abgangsjahr 2013).

Sowohl bei ausländischen als auch bei einheimischen Familien ist der Bildungserfolg der Kinder abhängig von den materiellen, kulturellen und sozialen Gegebenheiten, auf welche die Kinder zurückgreifen können. Bei ausländischen Kindern sind die Eltern vor dem Hintergrund ihrer eigenen (meist geringeren) Schulbildung nur eingeschränkt in der Lage, den Schulalltag ihrer Kinder hinreichend unterstützend zu begleiten. Schlechte oder gar fehlende Deutschkenntnisse können ebenfalls nicht zu Leistungssteigerungen beitragen. Da die Schule neben den Lerninhalten auch gesellschaftliche Normen und Werte der Aufnahmegesellschaft vermittelt, kann es zu zusätzlichen Konflikten kommen. Dann, wenn die Werte und Normen bei stark abweichenden kulturellen Hintergründen der Eltern ein ambivalentes Verhältnis der Eltern oder gar Widerstände zur Schule als Institution erwachsen lassen (siehe auch **B 2.2.3.** u. **B 4.2.**).

Doch auch die Schule selbst trägt häufig nicht zur Unterstützung ausländischer SchülerInnen bei. Noch immer wird die Bikulturalität und Bilingualität der ausländischen Schüler eher als Integrationshindernis denn als besondere Fähigkeit bewertet. Hier scheint ein interkulturelles Lern- und Weiterbildungsangebot für alle beteiligten pädagogisch wirksamen Personen dringend erforderlich.

Hinsichtlich der beruflichen Ausbildung bestehen ebenfalls deutliche Unterschiede zwischen deutschen und Jugendlichen ausländischer Herkunft. Da das Angebot an weiterführenden Bildungseinrichtungen nur gering genutzt wird, ist der Bedarf an Lehrstellen ausgesprochen hoch. Vorbehalte vieler Betriebe, die bei der Einstellung ausländischer Jugendlicher von Schwierigkeiten bei der Integration, bei der Kommunikation oder bei der Akzeptanz der Kundschaft ausgehen, führen zu einem hohen Anteil von Jugendlichen ohne Lehrstelle. Eine Studie von 1995 (Mehrländer u.a.) ergab, dass jeweils rund ein drittel der Jugendlichen aus der Türkei und dem ehemaligen Jugoslawien und jeweils ein Viertel der italienischen und griechischen Jugendlichen, trotz ihrer Bemühungen ohne Lehrstelle waren. Im Berufsbildungsbericht von 2011 beklagt die Bundesregierung, dass „nach wie vor erheblicher Handlungsbedarf zur Verbesserung der Ausbildungschancen junger Menschen mit Migrationshintergrund" besteht. Nur ein knappes drittel der jungen AusländerInnen macht eine Ausbildung. Diese Zusammenhänge tragen sicherlich nicht zu einer Zufriedenheit von Menschen mit Zuwanderungsgeschichte bei.

Dienstleistung:

MigrantInnen, die sich von einer Institution nicht ernst genommen oder verstanden fühlen, tragen zu negativer Publicity bei.

Viele Träger sozialer Einrichtungen sind darüber besorgt, dass ihre gezielt für MigrantInnen eingerichteten Angebote nur zögerlich von diesen angenommen werden. Immer wieder ist z.B. aus Krankenhäusern über Probleme mit MigrantInnen zu hören. Gerade hier fehlt es häufig an interkultureller Sensibilität und Erfahrung des Personals, um mit MigrantInnen für diese zufriedenstellend umzugehen (siehe **A 5.5.**). An dieser Stelle ist auch zu bedenken, dass MigrantInnen nur selten in den entsprechenden

Dienstleistungsbereichen auf Menschen mit Zuwanderungsgeschichte treffen. In den meisten Dienstleistungssektoren sind Menschen mit Zuwanderungsgeschichte im Bereich des Personals deutlich unterrepräsentiert. Dies trägt sicherlich zur Unzufriedenheit bei.

6.3. Vermeidung von Unzufriedenheit in der Interkulturellen Arbeit

Wer hingegen seine erwartete Leistung erhält, wird, wenn es sich im Gespräch zufällig ergibt, auf positive Erfahrungen mit Ihrem Unternehmen hinweisen. Alleine daran erkennen Sie schon, wie wichtig es ist, dass Kunden nicht unzufrieden sind.

Politik:

Die Politik hat in den letzten Jahren Versuche unternommen, der Unzufriedenheit von MigrantInnen entgegen zu wirken. So wurde das Staatsbürgerschaftsrecht zum 01. Januar 2000 verändert. Diese Veränderungen führen z.B. dazu, dass Kinder von nicht deutschen Eltern durch die Geburt in Deutschland unter bestimmten Voraussetzungen die deutsche Staatsbürgerschaft erhalten. Diese Kinder müssen bis zur Vollendung ihres 23. Lebensjahres einen Antrag auf Beibehaltungsgenehmigung stellen, sonst verlieren sie ihre deutsche Staatsbürgerschaft wieder. Diese Änderung des Staatsbürgerschaftsrechts gilt als Erweiterung und wurde von vielen MigrantInnen begrüßt. Jedoch ist sie nicht als unproblematisch zu werten. Im deutschen Recht gilt bei der Einbürgerung der Grundsatz der Vermeidung von Mehrstaatlichkeit. Für Eltern ist es nicht immer einfach, damit umzugehen, dass ihre Kinder eine andere Staatsbürgerschaft haben als sie selbst. Die Möglichkeit der Mehrstaatlichkeit würde hier sicherlich noch mehr Zufriedenheit aufbauen und gesamtgesellschaftlich positiv wirken.

Wirtschaft, Unternehmen:

Manche Unternehmen haben bereits erkannt, dass eine Ungleichbehandlung ausländischer und deutscher ArbeitnehmerInnen am Arbeitsplatz dem wirtschaftlichen Erfolg ihres Unternehmens entgegen steht. Ungleiche Behandlung behindert die Arbeitsprozesse, stört das Betriebsklima und vermindert so die Produktivität und Qualität der Arbeit. Um diesen destruktiven Auswirkungen entgegen zu treten, haben manche Unternehmen eine Betriebsvereinbarung mit ihrer Belegschaft getroffen. Eine vollständige rechtliche Integration und die damit verbundene Chancengleichheit kann ein ausländischer Arbeitnehmer nur durch die Annahme der deutschen Staatsbürgerschaft erlangen. Um diese nicht zwingend erforderlich zu machen, kann ein Unternehmen eine Betriebsvereinbarung für Chancengleichheit und gegen Diskriminierung formulieren. Dies wird sicherlich zur Zufriedenheit der Arbeitskräfte mit Migrationshintergrund im jeweiligen Betrieb beitragen.

Bildung:

Auch im Bereich der Bildung gibt es Modellprojekte, welche zur wachsenden Zufriedenheit von MigrantInnen beitragen. Z.B. werden in der beruflichen Bildung in den letzten Jahren bilinguale und bikulturelle Kompetenzen zunehmend genutzt und gefördert. So wurde die Höhere Berufsfachschule für Wirtschaft in Köln mit einem Zweig Türkisch ausgestattet. Außerdem wurde eine Beratungsstelle zur Qualifizierung ausländischen Nachwuchses (BQN) in Köln und Hamburg eingerichtet.

Binationale Ausbildungsprojekte von deutschen Institutionen in Kooperation mit den jeweiligen Herkunftsstaaten werden für Jugendliche griechischer, italienischer, portugiesischer, spanischer und türkischer Herkunft durchgeführt. Die in diesen Projekten erworbenen Bildungsabschlüsse beziehen die bilingualen und bikulturellen Kompetenzen der Jugendlichen mit ein und sind in beiden Ländern anerkannt.

Solche Modelle tragen zu einer zunehmenden Zufriedenheit von Menschen mit Zuwanderungsgeschichte innerhalb des deutschen Bildungssystems bei.

Dienstleistung:

Auch in diesem Bereich wächst die Sensibilität für die besonderen Bedürfnisse von MigrantInnen als Kunden. Die Erfahrungen vieler Dienstleistungsunternehmen, welche über die zögerliche Annahme ihrer Angebote durch MigrantInnen klagen, eröffnen neue Perspektiven. Eine interkulturelle Öffnung in diesem Bereich setzt voraus, dass diese auf der Leitungsebene gewollt wird und entsprechende Leitbilder formuliert werden. Personal mit eigenem Migrationshintergrund sollte entsprechend ausgebildet und eingestellt werden.

Gleichzeitig sollte dem vorhandenen Personal ohne Migrationserfahrung interkulturelle Kompetenz vermittelt werden. Dies alles trägt zur Zufriedenheit von Migranten als potentielle Kunden bei. Die spezifische Ausrichtung der Produkte an die Bedürfnisse der Zielgruppe ist ebenfalls zu bedenken (hierzu Kap. **B 3.2., B 4.2.**).

6.4. Zufriedene MigrantInnen

Im Idealfall erfüllen Sie nicht nur die Kundenanforderungen, sondern Sie übertreffen die Erwartungen Ihrer Kunden im positiven Sinne. So erhalten Sie zufriedene Kunden, die Ihr Unternehmen gerne weiter empfehlen. Dieser Idealfall ist im Kontext interkultureller Arbeit auch denkbar und wünschenswert, da hierdurch für alle Menschen ein nachhaltig friedliches Miteinander in Deutschland gesichert würde:

Politik:

Eine Umsetzung der von der EU formulierten Richtlinie „Zur Anwendung des Gleichbehandlungsgrundsatzes ohne Unterschied der Rasse oder der ethnischen Herkunft" erfolgte in Deutschland durch das „Allgemeine Gleichbehandlungsgesetz" (AGG), welches am 18.08.2006 in Kraft trat.

Neben diesem Gesetz setzt eine interkulturelle Öffnung im politischen Bereich auch die Möglichkeit der Partizipation und der Identifikation voraus. So haben z.B. die Niederlande Quoten im öffentlichen Dienst für Frauen, Migranten, Homosexuelle und andere gesellschaftlich relevante Gruppen eingeführt. Je nach ihrer Repräsentanz innerhalb der Gesamtbevölkerung sollten die jeweiligen Personenkreise auch im öffentlichen Dienst vertreten sein. Eine Identifikation mit staatlich vorgegebenen Instanzen wird hierdurch für alle Beteiligten möglich, so dass die Effektivität der Leistungen auch in allen Bezugsgruppen gewährleistet erscheint.

Wirtschaft, Unternehmen:

Betriebsvereinbarungen sind freiwillige Erklärungen zum Schutz vor Ungleichbehandlung und Diskriminierung. Verbindliche Rechtssicherheit ist für ArbeitnehmerInnen mit Zuwanderungsgeschichte innerhalb der ganzen Arbeitswelt mit dem Allgemeinen Gleichbehandlungsgesetz gesetzlich verankert. Die damit verbundene und befürchtete Klagewelle blieb bislang aus.

Als KundInnen der Wirtschaft können MigrantInnen ebenfalls persönlich angesprochen werden. Eine namhafte deutsche Zeitung hat in Untersuchungen zu ihrem Kundenstamm herausgefunden, dass sie von Jugendlichen mit Zuwanderungsgeschichte nicht gekauft wird. Mit einer spezifisch für diesen Kundenkreis gestalteten Seite innerhalb ihrer Veröffentlichung konnte sie die Auflage steigern. Dies lässt sich sicherlich auf andere Bereiche der Wirtschaft übertragen.

Bildung:

Für die Zufriedenheit von MigrantInnen innerhalb des deutschen Bildungssystems ist z.B. der pädagogische Umgang mit der Muttersprache von besonderer Bedeutung: Nachdem in den 1980ern erste Modelle muttersprachlichen Unterrichts scheiterten, gewinnen in jüngerer Zeit wieder diejenigen Positionen an Zustimmung, welche die positive Rolle der Muttersprache für die kognitive und emotionale Entwicklung der Kinder hervorheben. Dabei wird die Bedeutung der Muttersprache für das Erlernen der deutschen Sprache als auch im Zusammenhang mit der Verständigung innerhalb der Familie sowie im Kontext der Stärkung des Selbstbewusstseins als Integrationsfaktor gewertet.

Der Bedarf an Unterricht in der Herkunftssprache bzw. der Muttersprache wird bereits zunehmend erkannt und er wird sich durch die zunehmende Pendelmigration in Zukunft weiter erhöhen. Dabei ist bei den Argumenten für muttersprachlichen Unterricht auch zu beachten, dass Flüchtlingsfamilien durch das Erlernen der Herkunftssprache ihre Rückkehrfähigkeit erhalten. Außerdem sind Kinder aus Familien, die zwischen Deutschland und dem Herkunftsland pendeln, auch darauf angewiesen, sowohl intensive Deutschkurse als auch muttersprachlichen Unterricht zu erhalten. Dies sichert ihnen Kontinuität in beiden Lebensbereichen. Diese Kontinuität zu wahren sichert dem Bildungssystem zufriedene Kunden (siehe auch **B 2.2.3.**).

Dienstleistung:

Zu welchem Wachstum zufriedene Kunden im Dienstleistungsbereich führen können, sei hier am Beispiel einer muslimischen Selbsthilfeorganisation dargestellt. Bereits im sechsten Familienbericht der Bundesregierung zur Situation von Familien ausländischer Herkunft (von 2000) ist zu lesen: „Aus familien- und frauenpolitischer Sicht ist der Stärkung der Fähigkeiten (Empowerment) von Frauen und Müttern verstärkt Aufmerksamkeit zu widmen. Dabei kommt der Möglichkeit durch eigene Erwerbsarbeit zur ökonomischen Absicherung der Familie beitragen zu können, wachsende Bedeutung zu."

Einer solchen Stärkung der Fähigkeiten mit dem Ziel der Verbesserung der Integrationsmöglichkeiten in die deutsche Gesellschaft widmet sich seit 1996 das Begegnungs- und Fortbildungszentrum Muslimischer Frauen e.V. Durch schulische Förderung und Bildung ermöglicht das Selbsthilfeprojekt besonders benachteiligten Mädchen eine berufliche Orientierung innerhalb des deutschen Arbeitsmarktes.

Dabei richtet sich das Angebot nach eigenen Angaben des Vereins an drei Zielgruppen:

„1. Junge Migrantinnen, die aufgrund ihrer familiären Situation nur über eine sehr geringe Schulbildung verfügen und aufgrund großer Bildungsdefizite und einer gewissen Ferne zum deutschen Bildungssystem von üblichen Bildungsangeboten nicht entsprechend gefördert werden können. Diese Mädchen hatten in der Regel in der 5. Klasse die deutsche Schule verlassen, pendelten zwischen Deutschland und Heimatland ohne Schulbesuch und kamen endgültig mit 15/16 Jahren aufgrund des Visums zurück.

2. Migrantinnen, die aufgrund ihrer spezifischen Lebensbedingungen in Deutschland im herkömmlichen Schulsystem gescheitert sind, wodurch ihre Integrationschancen aufgrund von Bildungsdefiziten sehr gering sind. Diese Schülerinnen wurden ohne Schulabschluss mit 16 oder 17 Jahren aus der siebten, achten oder neunten Klasse aus deutschen Schulen entlassen.

3. Migrantinnen mit Kindern deren Schulzeit länger als 10 Jahre zurückliegt und die in ihrer Kindheit keinen Schulabschluss erlangen konnten oder Migrantinnen, die erst nach dem 15. Lebensjahr nach

Deutschland kamen und in Regelangebote nicht integrierbar waren."

Die Kurse, die bereits seit 1993 stattfinden, werden zu 50% von Teilnehmerinnen aus der 1. Gruppe, zu 35% von Teilnehmerinnen aus der zweiten und zu 15% von Teilnehmerinnen aus der 3. Gruppe besucht. Jungen Müttern gewährleistet die Möglichkeit der Kinderbetreuung die Teilnahme an den Kursen.

Der Verein bietet den Teilnehmerinnen die Möglichkcit innerhalb eines Jahres den Haupt- oder Realschulabschluss nachzuholen. Wer erst den Haupt und dann den Realschulabschluss machen möchte, kann dies in zwei Jahren bewältigen.

Der große Erfolg des Vereins – 85% der Teilnehmerinnen wurden im Anschluss an den Hauptschulabschluss in weitere schulische oder berufliche Ausbildung vermittelt oder nahmen eine Beschäftigung auf - führte zu seinem stetigen Wachstum. Zufriedene Kundinnen führten dazu, dass seit 1996, dem Gründungsjahr des Vereins mit 30 Fördermitgliedern, der Verein immer größere Räumlichkeiten anmieten konnte und heute auf 700qm arbeitet.

Dabei bietet der Verein über die zu erwerbenden Schulabschlüsse hinaus auch Deutsch- und Arabischkurse, Korankurse, aber auch Computer- und Internetkurse sowie Hausaufgabenbetreuung und Freizeitangebote an.

Das Zentrum schließt mit seinen Angeboten eine Lücke zwischen den Bedürfnissen muslimischer Mädchen und Frauen und den Gegebenheiten der deutschen Gesellschaft. Als Schutzraum bietet der Verein muslimischen Mädchen und Frauen die Möglichkeit gezielter Bildung und damit letztlich auch die Möglichkeit der Integration in die deutsche Gesellschaft als gläubige Muslima. Dabei möchte der Verein diese Frauen und Mädchen „darin unterstützen, eine eigene Persönlichkeit aufzubauen, die dialogfähig ist. Sie sollen selbstbewusst gegen Diskriminierung sowohl von gesellschaftlicher, als auch von innerfamiliärer Seite angehen und so ein selbstbestimmtes Leben in der Gesellschaft führen können." (Zitiert nach der Webseite von 2004)

Das gezielt auf muslimische Migrantinnen abgestimmte Programm hat zu einem großen Erfolg dieses „Dienstleistungsunternehmens" geführt, so dass dieses heute auch von bundesdeutschen Wohlfahrtsverbänden finanziell unterstützt wird.

B. ISO 9001:2000 für Interkulturelle Arbeit

1. Bedeutung der Dokumentation in Interkultureller Arbeit

1.1. Dokumentation als Baustein des Qualitätsmanagementsystems

Die Basisforderung der internationalen Norm besteht darin, dass ein Qualitätsmanagementsystem aufgebaut, dokumentiert, verwirklicht, aufrechterhalten und ständig verbessert werden muss.

Was bedeutet das?

Ein Qualitätsmanagementsystem lässt sich nicht von heute auf morgen einführen und anwenden. Es bedarf mühsamer Arbeit, ein Qualitätsmanagementsystem aufzubauen. Baustein für Baustein, gemeinsam mit allen Mitarbeitern und unter größter Sorgfalt wird regelrecht ein Gebäude der Qualität aufgebaut – und das braucht Zeit!

Die *Dokumentation* kann in diesem bildhaften Vergleich mit den Bauplänen gleichgesetzt werden, nach denen das Gebäude erschaffen wird.

Die *Verwirklichung* des Qualitätsmanagementsystems bedeutet, dass diese aufgebaute Qualität mit Leben gefüllt werden muss, damit sie nicht losgelöst von jeglicher Bedeutung existiert. Hier spielen Überzeugungskraft und Ausdauer eine wichtige Rolle, denn jeder einzelne Mitarbeiter inklusive der Führungsebene muss sich mit dem Qualitätsgedanken identifizieren können.

Ist dieses Ziel erreicht, so bedarf jedes Gebäude einer gewissen Anstrengung, damit es *aufrechterhalten* und *weiterentwickelt* wird, um nicht ruinengleich zu zerfallen. Es ist selbstverständlich, dass hierfür *ständige Verbesserungen* notwendig sind. Nur durch die erforderlichen Renovierungen kann der Wert eines Gebäudes langfristig erhalten oder sogar gesteigert werden.

Forderungen an die Dokumentation eines Qualitätsmanagementsystems

Darüber hinaus hat die Norm auch explizite Forderungen an die Dokumentation des Qualitätsmanagementsystems. Nicht alle Forderungen aus der Norm müssen schriftlich fixiert werden. Vielmehr stellt die Norm Mindestanforderungen an die Dokumentation des Qualitätsmanagementsystems, welche unbedingt erfüllt werden müssen, um Normkonformität zu erlangen. An dieser Stelle sei die Nachweisfunktion einer Dokumentation besonders hervorgehoben. Mit der Revision 2015 ist ein formales QM-Handbuch nicht mehr notwendig wenn die Organisation in anderer Weise eine angemessene Dokumentation zur Verfügung stellt. Dennoch seien hier die Eckdaten einer Dokumentation dargestellt.

Der Umfang der Dokumentation eines Qualitätsmanagementsystems ist abhängig von:

- Größe der Organisation und Art der Tätigkeiten
- Komplexität und Wechselwirkungen der Prozesse
- Fähigkeit des Personals

Neben der Erfüllung der Mindestforderung an die Dokumentation macht es Sinn, weitere Abläufe der Leistungserbringung mit in die Qualitätsmanagementdokumentation aufzunehmen. Wie ausführlich die Dokumentation gestaltet werden muss, wird letztlich durch die Unternehmensleitung entschieden.

a) Dokumentierte Aussagen der Qualitätspolitik und der Qualitätsziele

Qualitätspolitik

Die Qualitätspolitik ist das Instrument, mit welchem die oberste Leitung sich - sichtbar für alle - zur Qualität und zum Qualitätsmanagement verpflichtet. Sie hat somit Signalwirkung für Mitarbeiter und auch für Geschäftspartner. Mit einer Qualitätspolitik gibt die Unternehmensleitung die Richtung für das gesamte Unternehmen vor. Oft ist eine konkrete Verpflichtung zu den acht Qualitätsmanagementgrundsätzen aus der Norm ISO 9000:2000 in der Qualitätspolitik enthalten:

1. Kundenorientierung
2. Führung
3. Einbeziehung der Personen
4. Prozessorientierter Ansatz
5. Systemorientierter Managementansatz
6. Ständige Verbesserung
7. Sachbezogener Ansatz zur Entscheidungsfindung
8. Lieferantenbeziehungen zum gegenseitigen Nutzen

Die Qualitätspolitik bildet den Rahmen für detaillierte Zielsetzungen der Organisation. Die Führungsebene muss dafür Sorge tragen, dass die Inhalte der Qualitätspolitik aktuell sind und an ggf. veränderte Rahmenbedingungen angepasst werden. Im Wesentlichen orientieren sich die Inhalte einer richtungweisenden Qualitätspolitik an drei Kernfragen für die Unternehmung:

- **Was** ist das Ziel des Unternehmens – was will es erreichen (Unternehmenszweck)?

- **Wie** will das Unternehmen das Ziel erreichen- wie ist der Weg?

- **Womit**, mit welchen Mitteln, will das Unternehmen das Ziel erreichen?

Qualitätsziele

Qualitätsziele basieren auf der zuvor formulierten Qualitätspolitik. Um die Aussagen aus der Qualitätspolitik umsetzen zu können, müssen messbare, konkrete Qualitätsziele definiert werden. Dabei werden angestrebte Ergebnisse festgelegt, die auch auf die Kundenanforderungen ausgerichtet sind. Jeder Mitarbeiter jeder Funktion und jeder Ebene einer Organisation kann anhand operativer Qualitätsziele die strategisch ausgelegte Qualitätspolitik leben und somit zum Erreichen der Unternehmensziele beitragen. Messbare Ergebnisse über den Erfolg des Qualitätsmanagementsystems geben Auskunft über das vorhandene Verbesserungspotenzial in der Organisation.

Diese Erkenntnisse fließen in den kontinuierlichen Verbesserungsprozess ein.

b) *Qualitätsmanagementhandbuch*

Die Norm fordert, dass die Organisation ein Qualitätsmanagementhandbuch erstellen muss. Ein Qualitätsmanagementhandbuch bietet Außenstehenden einen kurzen Überblick über den Umfang des Qualitätsmanagementsystems.

Es ist selbstverständlich, dass die Dokumentation auch papierlos erfolgen kann. Ein Handbuch muss kein Buch sein - genauso gut kann die Dokumentation über EDV erfolgen. Nun stellt sich die Frage, was denn alles in so ein Handbuch hinein gehört.

Der *Umfang* des Qualitätsmanagementsystems einschließlich der Begründung von Ausschlüssen muss beschrieben werden. Der Umfang des Qualitätsmanagementsystems beantwortet die Frage, ob Ihr System für das gesamte Unternehmen oder nur für Teilbereiche Ihres Unternehmens Gültigkeit hat.

Wenn Sie von der Möglichkeit Gebrauch machen, einzelne Normforderungen aus dem Normenabschnitt sieben auszuschließen, so müssen Sie in Ihrem Handbuch einen entsprechenden Hinweis darauf geben.

Die sechs dokumentierten Verfahren des Qualitätsmanagementsystems oder zumindest Verweise darauf müssen im Handbuch enthalten sein. Dabei handelt es sich um sechs Grundregeln im Qualitätsmanagement.

Wechselwirkungen der Prozesse des Qualitätsmanagementsystems müssen erläutert werden. Solche Wechselwirkungen lassen sich am besten visuell in einer Prozesslandschaft darstellen und erläutern. Prozesse des Qualitätsmanagementsystems sind zum einen die sechs dokumentierten Verfahren, die im folgenden Abschnitt genannt werden, aber auch Prozesse, die Sie selbst definieren und die somit Bestandteil Ihres Qualitätsmanagementsystems werden. Sie müssen Ihre internen, individuellen Prozesse nicht detailliert im Handbuch darlegen. Es ist lediglich eine Übersicht über die Wechselwirkung gefordert. Ihre individuellen detaillierten Prozessbeschreibungen und Aufzeichnungen werden Sie in der Regel dort fixieren und aufbewahren, wo es für Ihre Organisation und Ihre Abläufe zweckmäßig ist. Das Qualitätsmanagementhandbuch muss kein Firmen-Know-how enthalten und kann daher ohne Bedenken an Unternehmensfremde herausgegeben werden.

c) Dokumentierte Verfahren, die von der Norm gefordert werden

Was versteht die Norm unter dokumentierten Verfahren? Schauen wir uns hierzu die Definitionen aus unserem Wörterbuch, der Norm ISO 9000:2000, an:

Ein *Verfahren* ist eine festgelegte Art und Weise, eine Tätigkeit oder einen Prozess auszuführen (3.4.5).

Ein *Dokument* ist eine Information und ihr Trägermedium. Folglich ist ein dokumentiertes Verfahren die, auf einem Trägermedium fixierte, Information über die festgelegte Art und Weise, wie eine Tätigkeit oder ein

Prozess auszuführen ist. Dabei bleibt die Wahl des Trägermediums Ihnen überlassen.

In der Norm ISO 9001:2000 werden insgesamt nur sechs dokumentierte Verfahren gefordert:

1. Lenkung von Dokumenten
2. Lenkung von Qualitätsaufzeichnungen
3. Interne Audits
4. Lenkung fehlerhafter Produkte
5. Korrekturmaßnahmen
6. Vorbeugungsmaßnahmen

Diese sechs dokumentierten Verfahren müssen in Ihrem Handbuch enthalten sein oder Verweise darauf, wo diese Verfahren fixiert sind.

d) Benötigte Dokumente zur Planung, Durchführung und Lenkung der Prozesse

Hierunter lassen sich alle Dokumente subsumieren, die in Zusammenhang mit Ihrem Kernprozess und Ihrer Prozesslandschaft stehen.

Für die Erfüllung bestimmter Normforderungen müssen Dokumente erstellt werden, aber auch darüber hinaus arbeiten die meisten Unternehmen tagtäglich mit den unterschiedlichsten Dokumenten (z.B. Formulare, Gesetzestexte etc.). Fehler bei der Leistungserstellung basieren meistens auf der Anwendung falscher Dokumente. Falsche Dokumente können zum Beispiel veraltete oder noch nicht freigegebene neue Formularvordrucke sein. Dokumente für das Qualitätsmanagementsystem müssen gelenkt werden, da hier ein erhebliches Potenzial zur Fehlervermeidung besteht.

Betroffen sind alle Dokumente, sowohl die von der Norm geforderten, als auch diejenigen, die das Unternehmen selbst festgelegt und in das Qualitätsmanagementsystem integriert hat. Die Norm fordert ein dokumentiertes Verfahren zur Lenkung von Dokumenten.

e) Aufzeichnungen

Aufzeichnungen sind eine besondere Form von Dokumenten. Sie sind wertvoll, da sie der Nachweis für korrektes Handeln sind. Frei nach dem Motto: Wer schreibt - der bleibt! Aufzeichnungen können im Konfliktfall, sowohl intern, als auch extern, eine Möglichkeit zur Verteidigung darstellen. Für bestimmte Normforderungen müssen, und darüber hinaus sollten, Aufzeichnungen erstellt und aufrechterhalten werden:

- Zur Einhaltung von Forderungen
- Zum Nachweis eines wirksamen und funktionierenden Qualitätsmanagementsystems

Aufgrund der besonderen Bedeutung von Aufzeichnungen, schreibt die Norm die Einrichtung eines dokumentierten Verfahrens zur Lenkung von Aufzeichnungen vor.

1.2. Was sind Dokumente Interkultureller Arbeit?

Die Dokumente, welche in der Interkulturellen Arbeit eine Rolle spielen sind vielfältig und reichen vom

Allgemeinen Recht:

- Grundgesetz der Bundesrepublik Deutschland
- Verwaltungsverfahrensgesetz
- Verwaltungsgerichtsordnung

Über Länderspezifische Regelungen:

- Erlasse
- Schulgesetze
- Flüchtlingsaufnahmegesetze

Über Konventionen:

- Abkommen über die Rechtsstellung der Flüchtlinge – Genfer Flüchtlingskonvention
- Europäische Menschenrechtskonvention
- UN-Kinderrechtskonvention

Zu Gesetzen und Verordnungen wie:

- Ausländergesetz,
- Verwaltungsvorschriften zum Ausländergesetz,
- Verordnung zur Durchführung des Ausländergesetzes,
- Arbeitsaufenthalteverordnung,
- Asylbewerberleistungsgesetz,
- Bundessozialhilfegesetz,
- Arbeitsgenehmigungsverordnung,
- Bundeskindergeldgesetz

und Abkommen wie:

- Europäisches Abkommen über Soziale Sicherheit

Selbstverständlich sind an dieser Stelle auch die bereits mehrfach erwähnten Eu-Richtlinien „Zur Anwendung des Gleichbehandlungsgrundsatzes ohne Unterschied der Rasse oder der ethnischen Herkunft" sowie „Zur Festlegung eines allgemeinen Rahmens für die Verwirklichung der Gleichbehandlung in Beschäftigung und Beruf" zu nennen.

Diese Aufzählung hat keinen Anspruch auf Vollständigkeit!

Übertragen auf Interkulturelle Arbeit bedeuten die Forderungen der Dokumentation des Qualitätsmanagementsystems z.B. hinsichtlich der Beratung von eingereisten Menschen Folgendes:

Lenkung von Dokumenten:

Welche Gesetzes- und sonstigen Texte sind relevant? Sämtliche rechtlichen Bezüge sollten dokumentiert werden.

Lenkung von Aufzeichnungen:

Es sollte dokumentiert werden, wie das Wissen an die Berater weitergegeben und deren rechtliche Kompetenz gewährleistet wird? Bestehen Kooperationen mit anderen sozialen Regeldiensten? Welche rechtliche Kompetenzen bestehen dort?

Interne Audits:

Gesprächskreise, welche den Austausch von Erfahrungen und Wissen ermöglichen, sollten implantiert werden.

Lenkung fehlerhafter Produkte:

Mängel der Beratungsgespräche sollten behoben werden: z.B. über Bereitstellung von Übersichten, die aufzeigen, welche soziale Leistungen bei verschiedenen Aufenthaltstiteln möglich sind und welche nicht. Gesprächsleitfäden könnten entwickelt werden usw.

Korrekturmaßnahmen:

Entsprechende Schulungen zur rechtlichen und interkulturellen Kompetenz könnten durchgeführt werden.

Vorbeugungsmaßnahmen:

Entsprechende Unterlagen sollten die wachsende Qualität sichern.

2. *Verantwortung der Leitung in der Interkulturellen Arbeit*

2.1. Verpflichtung der Leitung

Qualität ist Chefsache und nicht delegierbar! Als Chef bestimmen Sie, wo es lang geht. Sie definieren Ihre Qualität, denn Sie tragen die Verantwortung für Ihr Unternehmen.

Kommen wir noch einmal zurück auf unser Beispiel vom Urlaubsprozess:

Möchten Sie bei Ihrer Urlaubsplanung und Gestaltung die Zügel aus der Hand geben, ohne Einfluss darauf nehmen zu können? Vielleicht werden Sie mitten im Winter für fünf Wochen an die Nordsee verfrachtet und mit ihrer kompletten Großfamilie in der Jugendherberge untergebracht. Für manche mag dieser Urlaub durchaus reizvoll sein! Sie möchten Ihren Jahresurlaub aber vielleicht besser übers ganze Jahr verteilen und lieber einen Sommer-Badeurlaub im Süden und zwar im kleinen Familienkreis machen, im Winter mit Freunden auf die Ski-Hütte fahren und zwischendurch mal ein verlängertes Wochenende genießen. Warum also sollten Sie andere über die Qualität Ihres Urlaubs entscheiden lassen?

Genau das gleiche gilt erst recht für Ihr Unternehmen. Sie tragen die Verantwortung und Sie entscheiden, wo es lang geht! Wenn Sie das festgelegt haben, dann wird Qualität mit Leben gefüllt durch Ihre Mitarbeiter. Von der Verpflichtung der Leitung sind alle Mitarbeiter der Führungsebene betroffen. Diese haben eine Vorbildfunktion zu erfüllen. Nur wenn die Verpflichtung der obersten Leitung für alle Mitarbeiter sichtbar und glaubwürdig ist, können die Bemühungen im Qualitätsmanagement Früchte tragen. Es ist wichtig für die Motivation der Mitarbeiter, mit denen das komplette System steht und fällt, zu erfahren, dass die oberste Leitung mit Überzeugung hinter dem Qualitäts-management Dies geschieht effektiv mit der

Formulierung einer Qualitätspolitik. Die Bedeutung von Forderungen an Produkte oder Dienstleistungen des Unternehmens muss von der Führungsebene an alle Mitarbeiter herangetragen werden, damit sich jeder seiner eigenen Verantwortung und seinem Beitrag zum Erfolg der Organisation bewusst wird.

♦ Auch in der Interkulturellen Arbeit muss zunächst einmal die Politik als oberste Instanz die Richtung vorgeben. Sie ist verantwortlich für die Vermittlung der Bedeutung von Integration. Sie legt durch Ihre Gesetzgebung den Rahmen fest für vielfältige Aktivitäten. Das bedeutet, dass die Politik in der Pflicht steht, eine eindeutige Qualitätspolitik zu formulieren, aus der sich im nächsten Schritt konkrete Ziele ableiten lassen. Dies für die interkulturelle Arbeit in den einzelnen Sparten Bildung, Wirtschaft und Unternehmen und Dienstleistung.

Auf folgendem Sachverhalt könnte bei der Formulierung einer Qualitätspolitik Bezug genommen werden:

In der EU-Richtlinie 2000/43/EG des Rates vom 29. Juni 2000 zur Anwendung des Gleichbehandlungsgrundsatzes ohne Unterschied der Rasse oder der ethnischen Herkunft, ist unter (2) im zweiten Absatz zu lesen: „Die Gleichheit vor dem Gesetz und der Schutz aller Menschen vor Diskriminierung ist ein allgemeines Menschenrecht. Dieses Recht wurde in der Allgemeinen Erklärung der Menschenrechte, im VN-Übereinkommen über die Beseitigung aller Formen der Diskriminierung von Frauen, im Internationalen Übereinkommen zur Beseitigung jeder Form von Rassendiskriminierung, im Internationalen Pakt der VN über bürgerliche und politische Rechte sowie im Internationalen Pakt der VN über wirtschaftliche, soziale und kulturelle Rechte und in der Europäischen Konvention zum Schutz der Menschenrechte und der Grundfreiheit anerkannt, die von allen Mitgliedsstaaten unterzeichnet wurden." (VN = Vereinte Nationen)

Entsprechend der genannten Regelungen entwickelte sich der Gender Mainstreaming zur Gleichstellung zwischen Frauen und Männern, welcher überall in der Gesellschaft spürbar verankert wird. Dabei wird dieser Prozess von den leitenden Instanzen installiert, wobei er auch als besonderer Ausdruck von Qualität verstanden wird. *In diesem Sinne sollte die interkulturelle Öffnung, als erweiterte Gleichbehandlung, auch als Qualitätskriterium eingeführt werden.*

2.2. Interkulturalität als Leitbild

Orientiert an der Gender Mainstreaming Definition des Europarates 1998a, wie sie von Mückenberger und Tonsdorf (Hannover 2001, S.7) übersetzt wurden, lässt sich ein interkulturell orientiertes Leitbild wie folgt definieren:

Eine interkulturelle Öffnung besteht in der (Re-) Organisation, Verbesserung, Entwicklung und Evaluierung der Entscheidungsprozesse mit dem Ziel, dass die an politischer und zivilgesellschaftlicher Gestaltung beteiligten Verantwortlichen den Blickwinkel der Gleichbehandlung von Personen der Mehrheitsgesellschaft und Menschen mit Zuwanderungsgeschichte in allen gesellschaftlichen Bereichen und auf allen politischen Ebenen einnehmen.

2.2.1. Interkulturalität als Leitbild der Politik?

Welche Forderungen verbinden sich mit der interkulturellen Öffnung an die Politik als leitende Instanz der Integrationspolitik? Die Integration ist ein gesamtgesellschaftlicher Prozess der weder vom Staat alleine zu bewältigen ist, noch ausschließlich als Privatsache betrachtet werden kann. Integration ist als zivilgesellschaftlicher Prozess zu werten, wobei die Aufgabe der Politik in der Verbesserung rechtlicher Regelungen als auch in der Motivation der Kräfte der Zivilgesellschaft liegt.

Die Politik sollte Deutschland als Einwanderungsland definieren und nicht weiter über diese Begrifflichkeit diskutieren. Die Bundesrepublik diskutiert ein „Zuwanderungsgesetz" wobei zuvor eine „Einwanderungskommission" Empfehlungen zu einem Einwanderungsgesetz vorgelegt hat. Kann zwischen Zu- und Einwanderung unterschieden werden? Wenn man sich am Duden orientiert, so ist Zuwanderung gleich Einwanderung, und Einwanderung ist der „Vorgang bzw. (das) Ergebnis des Einwanderns", wobei „einwandern" „das Heimatland verlassen und sich in einem fremden Land niederlassen" bedeutet.

Ein „Einwanderungsland" ist „der Staat, in den besonders viele Menschen einwandern (wollen)". „Zuwanderungsland" ist als Wort nicht im deutschen Wörterbuch (Hrsg.: Karl-Dieter Bünting, Chur/Schweiz 1996) enthalten.

Rein sprachlich kann also zwischen Zu- und Einwanderung kaum bzw. nicht unterschieden werden – dennoch wird politisch sehr wohl zwischen diesen Begriffen unterschieden. Deutschland ist (offiziell) *kein* Einwanderungsland – obgleich Zuwanderung natürlich nachgewiesen werden kann!

Der Unterschied wird an der Pressemitteilung vom 4.8.1993 von Johannes Gerster deutlich: „Einwanderungsländer sind Staaten, die aus arbeitsmarkt-, entwicklungs- oder bevölkerungspolitischen Gründen Einwanderer anwerben müssen." – Im Gegenzug scheint Zuwanderung all jene Migration zu umschreiben, die nicht von gesellschaftlichem Nutzen für das Aufnahmeland ist. In der Pressemitteilung heißt es weiter: „Davon

(von einem Einwanderungsland) kann in der Bundesrepublik Deutschland keine Rede sein." Wirklich nicht?

Bei der Diskussion um Zu- oder Einwanderung scheint es somit sehr wichtig, zwischen den einzelnen Formen der Migration zu unterscheiden. Während sich *Einwanderung* an Notwendigkeiten der aufnehmenden Gesellschaft (z.B. notwendige Arbeitskräfte) orientiert, scheint *Zuwanderung* einen eher ungewollten und unkontrollierten Prozess zu bezeichnen.

An dieser Stelle rückt der Schutzanspruch für Verfolgte in den Blickwinkel. Der vom Völkerrecht gebotene Schutzanspruch für rassistisch, religiös, ethisch oder politisch Verfolgte kann nicht als gewollt und notwendig eingeschätzt oder als ungewollt unterbunden bzw. auf Quoten begrenzt werden. Dies würde der Genfer Flüchtlingskonvention Art. 33 widersprechen. Somit sollte Asylpolitik von der Zu- bzw. Einwanderungspolitik getrennt betrachtet werden.

Betrachtet man die deutsche Situation, so stellt man fest, dass es sich bei einem großen Teil der hiesigen ausländischen Mitbürger um ausländische Arbeitnehmer, die im Zuge der Anwerbeverträge in die Bundesrepublik eingereist sind, handelt. Sie wurden aus arbeitsmarktpolitischen Gründen angeworben. Zu Zeiten der Anwerbephase (von 1955 bis 1973) war Deutschland somit, orientiert an der obigen Definition, eindeutig ein Einwanderungsland.

Seit dem Anwerbestop bestimmten weitestgehend nicht mehr arbeitsmarktpolitische Gründe die Migration nach Deutschland: Familiennachzug, politische Verfolgung, Kriege oder Armut im Ursprungsland (bei Asylbewerbern), bessere Ausbildungsmöglichkeiten an bundesdeutschen Schulen und Hochschulen oder eine deutsche Vergangenheit (bei Spät-Aussiedlern) waren seither Gründe für die Einreise.

Wendet man die obige Definition an, so war Deutschland seit dem Anwerbestop eher Zuwanderungs- denn Einwanderungsland.

Von August 2000 bis 2004 hat die Einführung der Greencard für IT-Fachkräfte die Diskussion um Ein- bzw. Zuwanderung neu entfacht. Auch der Fachkräftemangel im Pflegebereich rückt in jüngerer Zeit wieder arbeitsmarktpolitische Gründe für eine notwendige Migration in den Vordergrund. Daneben sprechen demographische Daten, die vor einer Überalterung der deutschen Gesellschaft warnen, für eine Notwendigkeit des Zuzugs ausländischer Mitbewohner. Somit machen sowohl arbeitsmarktpolitische als auch bevölkerungspolitische Gründe eine Einwanderung von MigrantInnen notwendig.

Lässt man asylpolitische Faktoren außer Acht und bewertet die jüngere Geschichte als auch den Blick in die Zukunft, so wird eines ganz deutlich: Deutschland ist ein Einwanderungsland!

Als solches Einwanderungsland ist die Politik aufgefordert entsprechende Rahmenbedingungen zu definieren und ihr Leitbild als multikulturell orientierte und global ausgerichtete Gesellschaft zu formulieren – eine Diskussion um „Leitkultur" wird hierdurch überflüssig, da eine multikulturelle Gesellschaft von allen gesellschaftlichen Kräften partizipiert und auf diese zurückwirkt.

Diese gesellschaftliche Partizipation erfordert Chancengleichheit und weitgehende Rechtsgleichheit von MigrantInnen und Menschen mit Zuwanderungsgeschichte, welche von der Politik zu erreichen ist.

Mit den Zuströmen von Asylbewerbern in 2015 wird die Diskussion um ein Zuwanderungsgesetz wieder neu entfacht. Der Streit um das Zuwanderungsgesetz beschäftigte nach der Unterzeichnung durch den Bundespräsidenten die politischen Parteien. Am 20. Juni 2002 hatte der damalige Bundespräsident

Johannes Rau das Zuwanderungsgesetz unterzeichnet, wobei er eine Klärung der Verfassungsmäßigkeit der Bundesratsabstimmung für „wünschenswert" bezeichnete. Da das Gesetz am 25. Juni im Bundesgesetzblatt verkündet wurde, hätte es am 1. Januar 2003 in Kraft treten können, sofern die gegebenen Parteistreitigkeiten bis dahin beigelegt worden wären.

Noch im Mai 2004 befand sich das Gesetz in Beratungen der Arbeitsgruppe Zuwanderung des Vermittlungsausschusses. Die Verhandlungen blieben monatelang ohne endgültigen Gesetzentwurf. Nach deutlichen Fortschritten blieb der Streit um das Zuwanderungsgesetz lange ergebnislos, wobei sich der Hauptstreitpunkt nach den Terroranschlägen auf die Verschärfung der Abschieberegeln für potentielle Terroristen bezog. Neben Einigungen bei der Arbeitsmigration blieben auch Fragen der Integration und des Flüchtlingsschutzes offen. Erst nach vermittelnden Gesprächen mit dem damaligen Bundeskanzler Schröder kam es am 26. Mai 2004 zu einer Einigung.

So sehr, wie das Zuwanderungsgesetz im Vorfeld gelobt und zerrissen wurde, so sehr hat sich seine Qualität erst in der praktischen Umsetzung des Gesetzestextes erwiesen. Seit dem Tag des endgültigen Inkrafttretens des Gesetzes (am 01.01.2005) werden die Menschen, Migrantinnen und Migranten, die es persönlich betrifft, mit der Qualität der Regelungen ebenso konfrontiert, wie diejenigen, die in Verbänden und Organisationen mit diesen Menschen zu tun haben. Im alltäglichen Umgang mit dem Gesetzestext hat sich bislang noch nicht hinreichend erweisen, ob er den Notwendigkeiten der Bundesrepublik Deutschland als Einwanderungsland und dem betroffenen Personenkreis eher nützt oder schadet. Noch immer wird das Gesetz sowohl gelobt als auch zerrissen.

Zu bedenken ist: Das Zuwanderungsgesetz ist nicht nur ein Gesetz, welches den Zuzug von Menschen in die Bundesrepublik regelt. Es ist weit mehr als dies. Es ist der gesetzliche Spiegel für die politisch gewünschte Integrationspolitik.

Neben einem entsprechend positiv wirkenden Zuwanderungsgesetzt bedarf es einer offenen Wertediskussion, da sonst ein interkulturell orientiertes Leitbild nicht durchzusetzen ist. Welche Werte vertritt die Bevölkerung? Sind es vornehmlich christliche Werte, wie es die Kirchen immer wieder betonen? Welche Werte sind für jene Menschen wichtig, die sich als nicht religiös bezeichnen? Welche Wertigkeit hat das Christentum, die Aufklärung, der Humanismus, die Industrialisierung oder die Menschenrechte?

All diese Fragen wurden lange nicht mehr diskutiert. In der Auseinandersetzung mit der Existenz des Islam in Deutschland rücken sie jedoch mehr und mehr ins Zentrum. So sagte die damalige Kultusministerin von Baden-Württemberg, Frau Annette Schavan, nachdem das Kopftuchverbot von ihrem Landtag beschlossen wurde: „Wir dürfen kein geistiges Vakuum entstehen lassen, das unsere Gesellschaft orientierungslos werden lässt. Wir müssen zu unseren kulturellen und religiösen Traditionen stehen, die Eingang in unsere Verfassung gefunden haben." Doch symbolisiert das Kopftuchverbot nicht gerade jenes geistige Vakuum, welches für die derzeitige Orientierungslosigkeit der Gesellschaft steht? Wie kann sich die Gesellschaft definieren und dabei allen ihren Bewohnern (auch den Andersgläubigen) gerecht werden? Welche Werte machen eine multikulturelle Gesellschaft für alle akzeptabel, damit sie als stabiles soziales Gefüge bestehen kann?

Was sind nun die Werte unserer Gesellschaft? Soziologisch betrachtet, geht die Entwicklungsgeschichte auf das Christentum zurück. Das Christentum setzte Maßstäbe hinsichtlich des sozialen Miteinanders, wobei es dem Individuum viel Spielraum ließ. Die Aufklärung mit ihrem Vernunftideal übersetzte die vorgegebenen Maßstäbe in vernunftorientierte Vorstellungen und öffnete den Weg in die Industrialisierung mit ihren quasi-religiösen Strukturen. In der Krise der Moderne befinden wir uns heute in einer scheinbar orientierungslosen Phase, die dringend einer Orientierung bedarf.

Die Existenz des Sozialismus und die Angst hiervor führten nicht zu einer Wertediskussion, sondern unterstützten die quasi-religiösen Strukturen der Moderne. Nach dem Zerfall des Sozialismus und mit der zunehmenden Globalisierung der Welt scheint eine offene Wertediskussion dringend erforderlich. Dabei scheint es notwendig, auf die Betonung des Christentums für die gegenwärtigen sozialen Strukturen in Zukunft zu verzichten.

Der damalige Papst Johannes Paul II. sagte bei der Verleihung des Außerordentlichen Karlspreises der Stadt Aachen im Palast des Vatikans am 24. März 2004, dass er von einem Europa „ohne selbstsüchtige Nationalismen" träume, in welchem sich die Errungenschaften „nicht auf einen sinnentleerten Konsumismus richten". Er sagte auch, dass Europa das Christentum, auf dessen Humus es gewachsen sei, nicht ignorieren dürfe. Das Christentum ist als Humus des Abendlandes zu werten! Wenn man jedoch in der Natur betrachtet, was alles Wunderbares gewachsen ist, so bewundert man z.B. die Blumen, die Farben der Blüten, die Form der Blätter, den Duft usw. Den Humus, aus welchem die bewunderte Schönheit hervor gegangen ist, ignoriert man. Ähnlich sollte die moderne abendländische Gesellschaft ihre Blüten, ihre Errungenschaften der Geschichte, betrachten, und hieraus Werte der modernen Gesellschaft formulieren. Dabei sollte das Christentum nicht ignoriert, aber auch nicht überbewertet werden.

Wenn sich die gegenwärtige Kultur multikulturell und multireligiös orientieren möchte, so sollte sie allen Religionsformen einen gesellschaftspolitisch gleichberechtigten Status einräumen, so wie dies im Grundgesetz verankert ist. Dieser sollte sich darin zeigen, dass für jede/n einzelne/n die Möglichkeit des Ausdrucks ihrer/seiner spezifischen Religiosität gewährleistet wird. Ein Kopftuchverbot scheint in diesem Sinne kontraproduktiv (siehe **B 3.4.**). Jeglicher religiöser Ausdruck (der sich innerhalb der Grenzen des Grundgesetztes äußert) sollte sich auf ein zivilgesellschaftliches Konzept stützen können, welches seine Werte aus gemeinschaftlich anerkannten Wurzeln definiert.

Dies wird auch die Haltung von Muslimen, die allzu oft glauben, sich gegen eine Vereinnahmung erwehren zu müssen, gegenüber der Moderne befrieden. Es sollte deutlich werden, dass sich mit den gegenwärtig gelebten Werten nicht automatisch das Christentum verbindet. Vernunftorientierung, Demokratie und Humanismus sind nicht vornehmlich christliche Werte.

Gleichzeitig bedeutet eine vom Christentum losgelöste Wertedefinition jedoch nicht automatisch Zügellosigkeit und Egoismus. Gerade gegenüber Muslimen, aber auch hinsichtlich anderer Kulturen, sollte deutlich werden, dass auch die westlich-moderne Lebensweise sinn- und werteorientiert ist. Die Hintergründe der westlich-modernen Lebensweise sollten transparenter werden, wobei die Werte religiös aber und *vor allem* auch religionsneutral begründet werden sollten, um einer christlichen Dominanz entgegen zu wirken.

2.2.2. Interkulturalität als Leitbild von Wirtschaft und Unternehmen?

Die vielfach bereits globalisierte Ausrichtung der Wirtschaft und der Unternehmen macht ebenfalls ein interkulturell fokussiertes Leitbild erforderlich. Dies spiegelt sich bei immer mehr Unternehmen in Betriebsvereinbarungen für Chancengleichheit und gegen Diskriminierung wieder (Informationen hierzu sind über die Gewerkschaften zu erhalten).

Unternehmen erkennen, dass Diskriminierung Kosten verursacht und Ungleichheit gesundheitliche Störungen bei Mitarbeitern verursachen, was sich ebenfalls destruktiv auf die Produktion auswirkt. Durch ein interkulturell ausgerichtetes Leitbild kann ein Unternehmen nachhaltig seine Betriebskosten senken und sich auf dem internationalen Markt durch Imagegewinn besser positionieren. Betriebsvereinbarungen dienen in diesem Zusammenhang als Signal sowohl für die Unternehmensführung und die Belegschaft als auch für mögliche Investoren oder Anteilseigner oder Zulieferer und Kunden.

Auf einen Appell des Europäischen Rates in Lissabon vom März 2000, welcher an das soziale Verantwortungsgefühl der Unternehmer gerichtet wurde, geht der Ausdruck „CSR – Corporate Social Responsability" zurück. Dieser Appell, der im Wesentlichen eine freiwillige Verpflichtung zum Einsatz der Unternehmen für eine bessere Gesellschaft und eine saubere Umwelt darstellt, führte in Europa zu einem eigenen CSR-Europe-Netzwerk. In diesem Netzwerk sollen Erfahrungen, die belegen, dass ein Ineinandergreifen von Wirtschaft, Sozialem und Umwelt die Produktivität und Ertragskraft der Unternehmen wesentlich steigert, in „Best-Practice-Modellen" umgesetzt werden. Neben den Bereichen lebenslanges Lernen, Arbeitsorganisation, soziale Eingliederung und nachhaltige Entwicklung kommt auch der Chancengleichheit eine große Bedeutung zu. Dies unterstützt die Forderung nach einem interkulturell ausgerichteten Leitbild innerhalb der Wirtschaft bzw. den Unternehmen, welches in einer Betriebsvereinbarung schriftlich dokumentiert sein sollte.

2.2.3. Interkulturalität als Leitbild in der Bildung?

Während die bildungspolitische Unterstützung von Bemühungen um Integration der zugewanderten Kinder in den 1980er Jahren eher als Randproblem der Gesellschaft gewertet wurde, rückte dieses Problemfeld in den letzten Jahrzehnten immer mehr ins gesellschaftliche Zentrum.

Dies liegt zum einen daran, dass die Integrationsnotwendigkeit einer zugewanderten Minderheit, die hier heimisch geworden ist, immer deutlicher ins Bewusstsein der Menschen rückt. Andererseits liegt das steigende Interesse an der notwendigen Integrationsarbeit von Schulen auch am wachsenden Selbstbewusstsein von Migranten, die zunehmend ihre Rechte einfordern. So wird von Migrantenfamilien und Selbstorganisationen z.B. immer deutlicher die Forderung nach Unterricht in den Herkunftssprachen artikuliert (vgl. Gogolin, I., auch **A 6.4.**)

Aus diesem Grund wurde die Zweisprachigkeit (Bilingualismus) der Kinder ausländischer Herkunft bzw. die Förderung der Muttersprache wiederholt zum Thema kontroverser Diskussionen sowohl bildungspolitischer als auch pädagogischer Art. Die genannten Diskussionen führten die Kultusministerkonferenz dazu, in einem Beschluss vom 25. Oktober 1996 die Muttersprache zu fördern und in den Regelunterricht einzubeziehen.

Dennoch stößt die Forderung nach einer bilingualen Erziehung weiterhin auf Widerstand. Assimilationsorientierte Bildungskonzepte, die monolinguale Praxis sowie erhebliche organisatorische und finanzielle Widerstände führen dazu, dass der Bilingualismus der Kinder ausländischer Herkunft im Bildungssystem noch zu wenig als Wert anerkannt und gefördert wird. Hier kann ein interkulturell ausgerichtetes Leitbild die Notwendigkeit der genannten pädagogischen Maßnahmen verdeutlichen.

Doch es geht nicht nur um die Integration der Kinder mit Zuwanderungsgeschichte sondern auch um die *Forderung nach sozialer Identität innerhalb einer multikulturellen Gesellschaft.* Für die Sicherstellung eines friedlichen Miteinanders erscheint ein gemeinsames Identitätskonzepts innerhalb einer multikulturellen Gesellschaft unerlässlich. Dieses sollten Kinder durch entsprechend interkulturell aufgearbeitete Lerninhalte und Lehrmethoden entwickeln können (hierzu siehe Kap. **B 4.2.2.**).

Die bisherigen Ausführungen scheinen eher politisch übergeordneter Natur und weniger auf konkrete Möglichkeiten einzelner Bildungseinrichtungen einzugehen. Doch jede Schule kann ein interkulturelles Leitbild formulieren und sich diesbezüglich entwickeln. Basis hierfür ist z. B. in NRW ein entsprechender Erlass. So beschritt z.B. die Mehlemer Domhof-Schule (Bonn-Mehlem) einen solchen Weg, der wissenschaftlich von Prof. Auernheimer begleitet wurde. Viele seiner Veröffentlichungen beziehen sich auf das Themenfeld Interkulturelle Kompetenz und Pädagogik.

2.2.4. Interkulturalität als Leitbild in der Dienstleistung?

Im Kontext Sozialer Arbeit gibt es Arbeitsbereiche, in welchen die MitarbeiterInnen fast ausschließlich mit Menschen mit Zuwanderungsgeschichte zu tun haben. So z.B. in einem Asylbewerberheim oder in einer Beratungsstelle für Flüchtlinge und MigrantInnen. Gerade in solchen Arbeitsfeldern sollte auch von den Trägern ein interkulturell ausgerichtetes Leitbild vorliegen.

Doch neben diesen gezielt an MigrantInnen gerichteten sozialen Arbeitsbereichen begegnen MitarbeiterInnen Sozialer Arbeit fast in allen ihren Arbeitsbereichen heute Menschen mit Zuwanderungsgeschichte. In den Dienstleistungssektoren, in Kranken-

und Pflegediensten, im Altenpflegebereich, in der Jugendarbeit, aber auch in Kindergärten und Schulen – überall begegnen MitarbeiterInnen der Sozialen Arbeit MigrantInnen.

Soziale Arbeit bewertet sich als Hilfe und Unterstützung für Menschen und ihre jeweilige Lebenswelt. Zur Lebenswelt von MigrantInnen gehört ihr Zuwanderungsgeschichte, ihre je eigene Kultur, Religion und Lebensweise. Diese kann und darf im Kontext Sozialer Arbeit, die auftrags- und zielgruppenorientiert stattfinden soll, nicht unberücksichtigt bleiben. Ein interkulturell ausgerichtetes Leitbild der jeweiligen Träger Sozialer Arbeit eröffnet vor allem kirchlich-diakonischen Trägern eine erhöhte Akzeptanz bei der angesprochenen Klientel. Dies gilt in entsprechender Weise auch für den Verwaltungsbereich.

2.3. Verantwortung, Befugnis und Kommunikation

Ein Anliegen des Qualitätsmanagements ist das Schaffen von Transparenz. Die Transparenz bezieht sich zum einen auf die Abläufe im Unternehmen, zum anderen bezieht sie sich auf Verantwortlichkeiten und Befugnisse innerhalb der Organisation. Eine eindeutige, klare Regelung über Zuständigkeitsbereiche und Handlungs- bzw. Entscheidungsbefugnisse muss von der Unternehmensleitung getroffen werden. Somit kann Missverständnissen diesbezüglich und daraus resultierenden Fehlern vorgebeugt werden. Auch in der Interkulturellen Arbeit ist Transparenz gefordert. Es sollte durch alle Sparten hinweg eine Vernetzung der interkulturell tätigen Organisationen erfolgen.

Die Festlegung von Funktionen, Verantwortungen, Befugnissen und deren Wechselbeziehungen innerhalb der Interkulturellen Arbeit sollten bekannt gemacht werden. Das Ziel ist die Gestaltung eines wirksamen

Qualitätsmanagementsystems in der Interkulturellen Arbeit. Die Verantwortung hierfür kann nur die oberste Instanz – die Politik – tragen.

Die Kommunikationswege sind auch in der Interkulturellen Arbeit, wie in vielen Unternehmen auch, undurchsichtig, d.h. Informationen fließen eher unkontrolliert.

Dies hat zur Folge, dass:

* ***Top down***, d.h. von oben nach unten die Informationen, z.B. die Qualitätspolitik, Qualitätsziele, Kundenanforderungen nicht an der Basis ankommen bzw. falsch verstanden werden.

* ***Bottom up***, d.h. von unten nach oben Informationen nicht bei der Führungsebene ankommen und somit eine wichtige Grundlage zur Entscheidungsfindung fehlt. Der Haupthinderungsgrund für einen effektiven Informationsfluss ist ein allzu starres „Abteilungsdenken" innerhalb der Organisation. Die fiktiven Schranken zwischen den einzelnen Abteilungen werden durchbrochen, indem sich die Mitarbeiter über ihre Verantwortung im Gesamtunternehmen bewusst werden und ihren Anteil am Wertschöpfungsprozess erfahren. Was hier für einzelne Organisationen Gültigkeit hat, ist auch auf das gesamte Feld der Interkulturellen Arbeit übertragbar. Ausschließlich durch eine Vernetzung und einen entsprechenden Informationsfluss zwischen den Akteuren in der Interkulturellen Arbeit kann eine zielgerichtete Integration von MigrantInnen erfolgen.

Die Norm bietet durch ihre Prozessorientierung eine Gelegenheit, diese funktionsorientierte Betrachtungsweise aufzulockern, so dass dies auch Auswirkungen auf die Kommunikationsstruktur mit sich bringt. Wenn die Schnittstellen im Prozess bekannt sind, kann auch auf den Informationsfluss an den Schnittstellen bewusst geachtet werden. Die Erkenntnis, dass auch intern Kunden-Lieferanten-Verhältnisse zwischen den einzelnen Organisationen bestehen, ist ein elementarer

Schritt für eine funktionierende Kommunikation. Der Informationsfluss darf nicht zufällig erfolgen. Die Kommunikationswege sollten von der Führungsebene gut durchdacht, eingeführt und konsequent beibehalten werden.

Ausschließlich so kann ein Qualitätsmanagementsystem seine volle Wirksamkeit entfalten.

2.4. Managementbewertung

Es handelt sich dabei um eine Bewertung des Qualitätsmanagementsystems durch die Führungsebene. Auch in der Interkulturellen Arbeit kann Fortschritt durch Rückblick erfolgen. Indem Sie zurückblicken und das Vergangene analysieren, versetzen Sie sich in die Lage, Verbesserungspotenziale für die Zukunft zu erkennen. Dies sollte seitens der Politik in regelmäßigen Abständen geschehen.

Die Managementbewertung ist Chefsache!

Schließlich bewerten Sie doch auch selbst, ob Ihr Urlaub gelungen war oder nicht. Sie analysieren im Rückblick Ihre Urlaubsplanung, Ihren Urlaub und die Wirksamkeit Ihres Urlaubes, nämlich Ihren Erholungsgrad. Das kann kein anderer für Sie erledigen.

Die Bewertung muss den Änderungs- und Verbesserungsbedarf im Hinblick auf das Qualitätsmanagementsystem auf der Suche nach Verbesserungspotenzialen berücksichtigen.

Durch diese Regelung ist gewährleistet, dass Qualität und Qualitätsmanagement Chefsache ist und nicht einfach weiterdelegiert oder regelrecht „aufgebürdet" wird.

♦ Die interkulturelle Öffnung der Gesellschaft ist ein Prozess, der Wandlungen unterworfen ist. Sowohl die Menschen mit Zuwanderungsgeschichte werden sich im Zuge von gesellschaftlichen Veränderungen ändern als auch die Mitglieder der Mehrheitsgesellschaft. Diese

Veränderungen sollten hinsichtlich des Gesamtprozesses ebenso ständig wahrgenommen werden wie hinsichtlich des Wandels innerhalb von Mikroprozessen. Hierfür sollten verantwortliche Personen bekannt sein, welche Änderungen wahrnehmen und entsprechende Anpassungen vornehmen bzw. veranlassen können.

3. Management von Ressourcen der Interkulturellen Arbeit

3.1. Worum geht es?

Die Einführung und Verwirklichung eines Qualitätsmanagementsystems setzt voraus, dass die benötigten Ressourcen zur Verfügung stehen. Dies beinhaltet neben den finanziellen Ressourcen besonders die personellen Ressourcen. Eine der häufigsten Einwände gegen die Einführung eines Qualitätsmanagementsystems sind die dadurch entstehenden Kosten. Zugegeben, ein solches Projekt hat besonders in der Einführungsphase einen erhöhten Ressourcenbedarf, aber dem steht die Möglichkeit gegenüber, Fehlerkosten zu reduzieren oder gar zu vermeiden. Jede Organisation muss sich bei der Entscheidung für Qualitätsmanagement darüber im Klaren sein. Schließlich lässt sich durch die Einführung von Qualitätsmanagement eine höhere Kundenzufriedenheit erreichen, was letztlich Existenzsicherung bedeutet. Darüber hinaus bringt eine konsequente Umsetzung und Weiterführung von Qualitätsmanagement auch eine höhere Effizienz der Abläufe mit sich. Hat ein Unternehmen die Notwendigkeit der Ressourcenbereitstellung für ein wirksames Qualitätsmanagementsystem erkannt, so ist es selbstverständlich, dass der Umfang der benötigten Ressourcen ermittelt und daraufhin entsprechend zur Verfügung gestellt wird. Ressourcen werden benötigt zur Prozessumsetzung, Prozessverbesserung und zur Sicherung und Steigerung der Kundenzufriedenheit.

Unter Ressourcen versteht die DIN EN ISO 9001:2000:

- Personal
- Infrastruktur
- Arbeitsumgebung

Personal als Ressource zu betrachten ist ein Novum der reformierten internationalen Norm. Dies drückt eine veränderte Philosophie in den Vordergrund: *Personal birgt ein Potenzial, aus dem das Unternehmen schöpfen kann.*

Die Norm fordert, dass alle Mitarbeiter, die Qualität beeinflussende Tätigkeiten ausüben, entsprechend die Fähigkeit besitzen müssen, ihre Aufgaben korrekt auszuführen. Diese Forderung gilt für alle Mitarbeiter, unabhängig von ihrer Funktion und hierarchischen Ebene. Qualitätsbeeinflussende Tätigkeiten sind all jene Verrichtungen, die im Zusammenhang mit dem Qualitätsmanagementsystem zu betrachten sind, angefangen von der Implementierung des Systems an sich, bis hin zu Prozessen bezüglich der Produktion oder Dienstleistungserbringung.

Die Normforderung, dass nur ausreichend qualifiziertes Personal eingesetzt werden darf, bedeutet für die Organisation, dass die benötigten Fähigkeiten für die Leistungserbringung und die tatsächlichen Fähigkeiten ihrer Mitarbeiter ermittelt werden müssen. Aus der Diskrepanz können dann Schulungs- und Weiterbildungsmöglichkeiten für die Mitarbeiter erwachsen, wobei die Wirksamkeit der Schulungsmaßnahmen zu überprüfen ist.

Das Bewusstsein der Mitarbeiter, ein Bestandteil der Gesamtorganisation zu sein und Verantwortung für die gemeinsam definierte Qualität zu tragen, wird so gefördert.

Indem die Unternehmensführung dafür sorgt, dass die Mitarbeiter ihrem Aufgabenbereich entsprechend und ausreichend ausgebildet sind, legt sie den Grundstein für die Ressource Personal, aus dem sie mit relativ geringem Aufwand schöpfen kann. Das Potenzial, das in jedem Mitarbeiter steckt, kann erst dann genutzt werden, wenn es entsprechend gefördert wurde. Der Mitarbeiter erhält eine adäquate Qualifikation, und der Unternehmer stellt sicher, dass alle Tätigkeiten, die Qualität beeinflussen, korrekt ausgeführt werden können. Hier zeigt sich ganz im Sinne der Managementgrundsätze eine Beziehung zum gegenseitigen Nutzen.

Die Mitarbeiter füllen den Unternehmenszweck mit Leben. Sie in diesem Bewusstsein zu bestärken, ist unerlässlich für ein wirksames Qualitätsmanagementsystem. Die Norm verlangt, dass über Schulbildung, Schulung, Fertigkeiten und Erfahrungen der Mitarbeiter Aufzeichnungen geführt werden.

3.2. Interkulturelle Qualifizierung

Politik, Wirtschaft bzw. Unternehmen, Bildung, Dienstleistung:

Bei der Nutzung des Personals innerhalb interkultureller Arbeit, steht deren Interkulturelle Kompetenz im Vordergrund (siehe auch Kanacher, 2004):

Interkulturelle Kompetenz ist nicht etwas, was man in drei oder vier Stunden lernen kann! Interkulturelle Kompetenz bedarf der Interkulturellen Bildung! Wobei zwischen allgemein ausgerichteter bzw. grundlegender und auf spezifische Themenbereiche bezogener interkultureller Kompetenz unterschieden werden sollte.

Wissenschaftlich ergab sich eine Entwicklung von Interkultureller Erziehung bzw. Interkulturellem Lernen über die Antirassistische Erziehung zu interkultureller Bildung.

Während vormals davon ausgegangen wurde, dass ein interkultureller Fokus zu erlernen oder durch Erziehung anzutrainieren sei, geht man heute davon aus, dass ein Interkulturelles Bewusstsein in jedem Einzelnen erwachsen, sich in ihm/ihr bilden sollte: Bildung bezeichnet das „Wechselgeschehen zwischen dem Menschen und der Welt. Im handelnden Umgehen des Menschen mit den Inhalten der Welt erschließt sich diese Welt, zugleich aber auch der Mensch, dem an der Welt das eigene Ich erfahrbar wird. Dieser Prozess ist schlechthin individuell; niemand kann sich für einen anderen bilden, niemand kann im vollen Sinne einen anderen bilden." Die bildende Tätigkeit der Erwachsenen besteht in einer „Auswahl der wirkenden Welt ... Der Pädagogik stellt sich das Problem der Auswahl des Bildungsangebots, das individuelle Bildung ermöglichen soll." (Schorb, Alfons O.: Pädagogisches Taschenlexikon a-z, Bochum, o.J.)

Interkulturelle Bildung zielt somit auf die Bildung interkulturellen Denkens durch (Selbst-)Erfahrung innerhalb der wirkenden interkulturellen Welt.

Interkulturelle Bildung zielt darauf ab:

- Abstand zu sich selbst zu nehmen, sich zu dezentrieren und aus dem eigenen System herauszutreten -> führt zur kulturellen Selbstwahrnehmung (Erkennen eigener Kulturstandards),
- in die Logik, in das System des Anderen hineinzutreten um die Welt mit seinen Augen zu sehen => führt zu Erkennen und Akzeptieren der generellen Kulturgebundenheit menschlichen Verhaltens,
- andersartige Kulturstandards in weiteren Sinnzusammenhängen identifizieren und einordnen zu können => führt zu Verständnis und Respekt anderskultureller Perspektiven,
- über den beschreibenden Vergleich hinauszugehen => führt zur Wahrnehmung fremdkultureller Muster als *etwas Anderem*, ohne positive oder negative Bewertung,

- die Mechanismen, die für Vorurteile verantwortlich sind, zu erkennen,
- zu und mit Angehörigen einer anderen Kultur konstruktive und wechselseitig befriedigende Beziehungen aufzubauen => führt zu interkulturellem Miteinander ohne Feindschaft,
- die Verantwortung aller für ein gemeinsames Miteinander wahrzunehmen.

Interkulturelle Bildung trägt dazu bei, dass die verborgenen Codes des eigenen Verhaltens entziffert und in ihrem kulturellen Zusammenhang gesehen werden können. Über den Erkenntnisweg der spezifischen Sinnzusammenhänge von Verhaltensweisen im jeweiligen kulturbezogenen Zusammenhang wird ein Lernprozess jedes einzelnen „über sich selbst" ermöglicht. Erst nachdem ein Verständnis für den eigenen Ethnozentrismus entwickelt wurde, kann ein Verständnis für eine andere, eine „fremde" Kultur aufgebaut werden. Dabei soll Ethnozentrismus als Teilaspekt der Identität nicht abgelehnt oder gar abgelegt werden - das Vorhandensein eines individuellen und kulturgebundenen Normen- und Wertesystems soll erkannt und verstanden werden, - damit es auch Mitgliedern anderer Kulturen zu-gestanden werden kann!

Interkulturelle Bildung liefert keine vorgefertigten Lösungswege oder Handlungsmuster, sondern provoziert durch die Anregung affektiver Erkenntniswege in Verbindung mit der Vermittlung von Wissen eigenes Denken und Handeln der Personen.

Interkulturelle Bildung bedeutet, sich auf einen Prozess einzulassen, bei dem die eigene Person hinterfragt bzw. eigene „Selbst-Erkenntnis" zum Verständnis für „fremdes" Kulturverhalten provoziert werden soll. Dabei ist auch zu bedenken, dass interkulturelle Kompetenz zwar initiiert aber niemals durch einige Schulungen umfassend „erzeugt" werden kann; sie setzt vielmehr die Motivation zu lebenslangem interkulturellen Lernen voraus.

Wie diese Darlegung interkultureller Bildungsarbeit verdeutlicht, ist diese Arbeit mehr im affektiven als im kognitiven Bereich angesiedelt. Die Auseinandersetzung mit der eigenen und anderen Kulturen stellt eine Herausforderung an die Entwicklung (allgemeiner) sozialer Kompetenz dar. Zwischenmenschliches Verhalten gilt es zu verstehen, zu verändern bzw. zu verbessern. Aus diesen Zusammenhängen heraus, die einen Schwerpunkt der Interaktionspädagogik darstellen, werden in der interkulturellen Seminararbeit Interaktionsspiele als Methode verwendet. „Besonderes Merkmal der Interaktionsspiele ist die Reproduktion der Realität, die jedoch nur Ausschnittsweise betrachtet wird, wobei wesentliche Elemente isoliert und mit Spielregeln in einen künstlichen Kontext gesetzt werden. So ist die Konzentration der Teilnehmer auf einen Brennpunkt gerichtet und dieser wird bearbeitet. Dies erleichtert das Verständnis für Strukturen und strukturelle Zusammenhänge im Gegensatz zu einer eher unüberschaubaren Wirklichkeit. Außerdem kann neues, verändertes oder altes Verhalten in risikofreien Situationen geübt werden, dessen Scheitern nicht gleich in einer Katastrophe endet. Da sich in diesem Schonraum der Gruppensituation die Als-ob-Elemente und Ernsthaftigkeit der Erfahrungen miteinander abwechseln, findet eine Ermutigung zum Hinterfragen des eigenen Verhaltens statt."(vgl. Reiners, A., S.21)·

Dieses Zitat verdeutlicht Gründe, die für Interaktionsspiele in der interkulturellen Bildungsarbeit sprechen, und es verdeutlicht, warum interkulturelle Kompetenz das Ergebnis eines geleiteten Prozesses und nicht das Lernergebnis vermittelten Wissens darstellt. Die Vielfältigkeit der gegebenen Kulturen innerhalb einer multikulturellen Kommune bedarf keiner Spezialisten für jeweilige Kulturen, sondern vielmehr einer (interkulturellen) Kompetenz aller MitarbeiterInnen, welche ein Verstehen unterschiedlichster Kulturen ermöglicht und hierdurch für die Kommunikation mit diesen Kulturen qualifiziert.

Die Entwicklung dieser allgemein orientierten bzw. grundlegenden interkulturellen Kompetenz kann sich nicht auf Wissensvermittlung über einzelne Kulturen beschränken, sondern verlangt eine intensive Auseinandersetzung über affektiv orientierte Lernmethoden, welche einen Prozess des Verstehens unterschiedlichster Kulturen herausfordern.

Die Qualität von Fort- und Weiterbildungsmaßnahmen, die Beurteilung von Kursen, Seminaren, Lehrgängen und Tagungen muss sich daran orientieren, ob dieser Prozess durch das jeweils dargelegte Konzept initiiert werden kann.

Sind die Grundlagen interkultureller Kompetenz gelegt, so sollten, darauf aufbauend, für die spezifischen Bereiche Sozialer Arbeit wie z.B. Jugendarbeit, Altenpflege, Gesundheitswesen usw., jeweils spezifische interkulturelle Kenntnisse vermittelt werden (z.B. ethnomedizinische Kenntnisse).

Die Qualitätssicherung der Aus- und Fortbildung hinsichtlich interkultureller Kompetenz sichert letztlich die Qualität der zivilgesellschaftlich notwendigen interkulturell orientierten Prozesse.

3.3. Interkulturelle Infrastruktur

Zur Erreichung der Konformität mit den Produkt- und Dienstleistungsforderungen muss die Organisation die benötigte Infrastruktur ermitteln, bereitstellen und aufrechterhalten.

In der Norm ist Infrastruktur in drei Kategorien unterteilt:

• Gebäude, Arbeitsort, Ausstattung und ange-

schlossene Versorgungseinrichtungen
• Hardware und Software
• Unterstützende Dienstleistungen

Die Organisation entscheidet über die erforderliche Infrastruktur, jedoch muss sie gegebenenfalls nachweisen, dass sie die Erfordernisse an die Infrastruktur auch tatsächlich konsequent ermittelt hat, damit das Qualitätsmanagementsystem auch wirksam eingeführt werden kann.

Politik:

Hier sei auf die Ausführungen unter Kapitel „Integration als Prozess" verwiesen.

Wirtschaft bzw. Unternehmen:

Im Zuge der globalisierten Wirtschaft haben Wirtschaft und Unternehmen bereits häufig eine Infrastruktur aufgebaut, welche eine interkulturelle Öffnung unterstützen würde. Hier sei auf die Ausführungen in Kapitel „Interkulturalität als Leitbild" verwiesen.

Bildung:

Im Folgenden werden die „Sechs Thesen zur interkulturellen Öffnung der Fachbereiche des Sozialwesens an den Fachhochschulen der Bundesrepublik Deutschland" der „AG Interkulturelle Soziale Arbeit – AG-IKSA" angeführt. Diese sind zwar als Forderungen an die Fachhochschulen formuliert, jedoch für alle Bereiche, wie z.B. Lehrerausbildung, Ausbildung zur/zum ErzieherIn oder Verwaltungsangestellte/r usw. übertragbar. Hierfür muss an Stelle von „Soziale Arbeit" nur „Verwaltungsarbeit", „Bildungsarbeit" usw. eingesetzt werden:

1. „ Soziale Arbeit in der Einwanderungsgesellschaft muss mit den Herausforderungen umgehen können, die Prozesse von Migration, Globalisierung, inter-

nationalem Austausch und grenzüberschreitenden kulturellen Kontakten auslösen. Soziale Arbeit ist deshalb auch interkulturelle Arbeit.

2. Die Fachhochschulen müssen die Studierenden auf kompetentes berufliches Handeln in der Gesellschaft vorbereiten. Interkulturelle Kompetenz ist *eine* Schlüsselqualifikation für heutige Soziale Arbeit und muss in die Curricula der Studienordnungen eingebaut werden.

3. Soziale Arbeit in der Einwanderungsgesellschaft benötigt allgemeine interkulturelle Grundkompetenzen sowie spezielle interkulturelle Kompetenzen für besondere Zielgruppen oder Arbeitsfelder. Interkulturelle Kompetenzen sowie eine Palette von Handlungskompetenzen.

4. Die Umsetzung dieser Orientierung für die Lehre, die Forschung und den Wissenschafts-Praxis-Transfer erfordert eine konsequente interkulturelle und internationale Öffnung der Hochschulen und eine entsprechende Fort- und Weiterbildung der Lehrenden. Die Hochschulen leisten damit ihren Beitrag zur notwendigen Öffnung aller Sozialen Dienste und der Entwicklung bedarfsgerechter Strukturen für MigrantInnen.

5. Um eine angemessene Repräsentanz von Studierenden und Lehrenden mit unterschiedlichem Kultur- bzw. Migrationshintergrund an den Hochschulen und Fachbereichen für Sozialwesen zu erreichen, sollten geeignete Fördermaßnahmen z.B. für den Zugang zum Hochschulstudium und zur Lehre entwickelt werden.

6. Ein erster Schritt zu einer Institutionalisierung der Reformziele wäre ihre Festschreibung in den Leitbildern und Curricula der Hochschulen bzw. der Fachbereiche der Sozialen Arbeit."(aus Ag-Iksa, S. 12)

Als Beispiel, weshalb Interkulturelle Kompetenz in Bildung und Lehre notwendig erscheint: (es geht um

Augenkontakt als Zeichen konzentrierten Zuhörens)
„Hierzu berichtet DÜRKHEIM (22) wie er als Gastdozent
einer japanischen Universität gelernt hatte, dass auch
dies Signal nicht universalgültig ist. Er berichtet wie
sehr es ihn zunächst befremdete, dass mehr und mehr
Studenten *in Schlaf zu versinken schienen*. Mit
geschlossenen Augen saßen sie da, und zwar nach einer
Weile fast alle anwesenden Hörer. Dies verunsicherte
ihn zunächst. Dann machte er ein Experiment, indem
er den Namen des Kaisers aussprach: Sofort öffneten
sich alle Augen und blickten ihn an! Nicht aber
halbverschlafen oder benommen, sondern hell und klar.
Er konstatiert: ‚Die Hörer hatten also gar nicht
geschlafen. In sich gekehrt waren sie nur in ihrer Weise
zur Aufnahme >gesammelt< gewesen. Und ich hatte
meinerseits übersehen, dass sie, wenn auch mit
geschlossenen Augen, so doch aufrecht und ohne sich
anzulehnen dasaßen,‘" (aus Birkenbihl, S. 194)

Dienstleistung:

Hinsichtlich interkultureller Arbeit sind die Infra-
strukturen in vielfältiger Weise zu prüfen. So bestätigen
z.B. Untersuchungen einen Mangel an Kooperation
zwischen den kommunalen Diensten und den
Migrationsdiensten der Wohlfahrtsverbände. Auch wird
eine fehlende Zusammenarbeit der Wohlfahrtsverbände
untereinander bemängelt. Dabei sollten die jeweiligen
Sozialarbeiter in ihrer Rolle als Case-Work-Manager bei
der meist sehr komplexen Problembearbeitung auf ein
Netzwerk zurückgreifen können.

Verstärkt wird die fehlende Vernetzung von
Migrationssozialdiensten mit den Regeldiensten durch
das politische Bestreben, die Aufgaben der Migrations-
dienste auf die kommunalen Regeldienste abzuwälzen.
Dies wird über den Weg der kontinuierlichen Mittel-
kürzungen erreicht. Als Vorbild für dieses Bestreben
dient die sogenannte „Dekategorialisierungs-Debatte" in
den Niederlanden. Diese geht davon aus, dass
Zuwanderer nicht dauerhaft von Sonderdiensten

„betreut" werden müssen, weshalb die Regeldienste auch den Aufgaben hinsichtlich Menschen mit Zuwanderungsgeschichte gerecht werden sollten.

In den Niederlanden traten jedoch unterschiedlichste Schwierigkeiten auf: Verweigerung der Regeldienst, keine Neueinstellung von Personal in den Regeldiensten, Zuwanderer fühlten sich drangsaliert usw., weshalb man vom Ansatz der Dekategorialisierung wieder Abstand genommen hat (hierzu Kulbach, R. S 44).

Von den Fehlern der Nachbarstaaten lernend, sollte es zu einer konstruktiven Vernetzung der Migrationssozialdienste mit den Regeldiensten, welche sich der interkulturellen Öffnung stellen müssen, kommen (siehe Gaitanides).

Eine Öffnung der Infrastruktur mit vernetzender Wirkung kann z.B. über den Weg der „Partnerschaftsbildung" erreicht werden: „Vielfältig sind zurzeit die Projekte, welche eine Kooperation von Kindergarten, Schule und Elternhaus fördern wollen. Solche Projekte werden begründet mit einer „bundesweit erkannten Notwendigkeit der ‚Stärkung der Erziehungskraft der Familie'" und einer kontinuierlichen Anpassung der Familienbildungsarbeit an die sich verändernden Anforderungen an Familien. Im Hinblick auf die Überforderungen der modernen Wissensgesellschaft und vor dem Hintergrund der PISA-Studie ist der Eltern- und Familienbildung ein wachsender Stellenwert einzuräumen.

Eltern, bei denen nach wie vor die vorrangige Verantwortung für die Erziehung der Kinder liegt, sind deshalb bei der Wahrnehmung ihrer Aufgaben noch besser als bisher zu unterstützen. Ganz besonders über Kindergärten und Tageseinrichtungen für Kinder lassen sich neue Wege erproben, um grundsätzlich allen Eltern Informationen zur Erziehung und Hilfen anzubieten. Familien in besonderen Belastungssituationen sowie Familien mit Migrationshintergrund sind jedoch speziell zu berücksichtigen.

Elternbildung im Kindergarten setzt u. a. Erziehungspartnerschaft zwischen Eltern und Erzieherinnen zum Wohl des Kindes voraus. Die Familie ist die erste und prägendste Sozialisationsinstanz, die grundlegende Werte, Normen, emotionale Sicherheiten, Kompetenzen und Netzwerke vermittelt. Hinzu kommt dann der Kindergarten mit anderen Bezugspersonen, eigenen pädagogischen Auffassungen, Regeln und Erwartungen. Für jedes Kind bedeutet das, diese Lebensbereiche miteinander zu verbinden oder auch nebeneinander bestehen zu lassen.

Je enger die Kooperation, desto positiver wirkt sich das auf die Entwicklung des Kindes aus. Bildung ist ein subjektiver und immer vorläufiger Selbst- und Weltentwurf, der weiterentwickelt wird, indem er formuliert und mitgeteilt wird, und er bezieht sich auf all jene Konstruktionsprozesse, die auf Aneignung von Welt zielen (Laewen/Andres 2002). Dies gilt für Kinder und Erwachsene gleichermaßen. Bildung ist also ohne kommunikative Prozesse nicht zu denken. Diese lassen sich u.a. durch Erziehungspartnerschaft gewährleisten bzw. fördern.

Deshalb wird der Aufbau einer Erziehungspartnerschaft zwischen Erzieherinnen und Eltern zum zentralen und handlungsleitenden Prinzip des Projektes. Eltern und Erziehcrinnen werden als Erziehungspartner verstanden, die ihre Kompetenzen aus unterschiedlichen Lebenswelten kommunikativ einbringen." (aus Projektskizze: „Stärkung der Erziehungskraft der Familie durch und über den Kindergarten" LIGA der freien Wohlfahrtspflege in Baden-Württemberg e.V., Infos unter: www.landesstiftung-liga-bw.de).

Mit einer ähnlichen Zielsetzung wurde z.B. von der RAA Essen (Regionale Arbeitsstelle zur Förderung von Kindern und Jugendlichen aus Zuwandererfamilien/ Büro für interkulturelle Arbeit) das "Rucksack"-Programm (in den Niederlanden von der „Stichting de Meeuw" entwickeltes Programm) erfolgreich durchgeführt. Dieses Programm erreicht über Stadtteilmütter eine interkulturelle Sprachförderung und Elternbildung im Elementarbereich (Infos unter: www.raa.de/rucksa1.html). Dieses Programm wird bereits in einigen anderen Städten durchgeführt.

Entsprechende partnerschaftlich ausgerichtete Strukturen sind auch im Bereich der Sozialen Arbeit denkbar. Die Einbeziehung der Familien käme dabei vielfach den Strukturen der Menschen mit Zuwanderungsgeschichte entgegen – wobei diese Aussage nicht zu verallgemeinern ist.

Wie die genannten Beispiele verdeutlichen, erscheint eine Vernetzung interkulturell ausgerichteter Institutionen (über Ländergrenzen hinweg) dringend erforderlich, damit es zu einem Austausch von Erfahrungen und Projektideen kommen kann. Dies würde unnötige Ausgaben von Projektgeldern verhindern, da das Rad nun mal nicht immer neu erfunden werden muss!

3.4. Zuwanderungsgeschichte am Arbeitsplatz

Auch die Arbeitsumgebung wird als Ressource betrachtet, sofern sie für die Erfüllung der Anforderungen von Bedeutung ist. Unter Arbeitsumgebung subsumieren sich physikalische und menschliche Faktoren, wie zum Beispiel:

- Beleuchtung des Arbeitsplatzes
- Ergonomische Aspekte
- Hygiene der Mitarbeiter
- Sauberkeit des Arbeitsplatzes   etc.

Alle Faktoren in der Arbeitsumgebung, die in irgendeiner Art und Weise, die Leistungserbringung beeinflussen, sind unter diesem Punkt zu definieren. Es nützt nichts, Prozesse zu optimieren, Mitarbeiter zu schulen und die Infrastruktur bereitzustellen um konforme Leistungen zu erbringen, wenn durch eine ungeeignete Arbeitsumgebung das Ergebnis beeinträchtigt wird.

Bezüglich der Identifikation von MigrantInnen mit ihrem Arbeitsplatz bzw. mit Kindergarten und Schule als Lebensraum ihrer Kinder gibt es noch viel zu tun. In Kindergärten und Schulen fehlt es an interkulturellen Symbolen. Spiel- und Lernmaterial ist überwiegend auf die weiße deutsche Gesellschaft ausgerichtet. So könnten Puppen aus unterschiedlichen Kulturen oder mit unterschiedlichen Gesichtsfarben, sowie unterschiedliche Gesichtsmalfarben schon zu einer größeren Identifikation von Eltern mit Zuwanderungsgeschichte in Kindergarten und Schule beitragen.

Zurzeit wird in der Öffentlichkeit eine Diskussion um die Präsenz anderer Kulturen geführt, welche sich jedoch weitestgehend um das Kopftuch in der Schule bzw. am Arbeitsplatz dreht: Mit der soziologischen Gegebenheit einer multikulturellen und multireligiösen Gesellschaft müssen alle lernen, sensibel, tolerant und demokratisch umzugehen! Ein Kopftuchverbot scheint für den notwendigen gegenseitigen Lernprozess als ein falsches Signal! In Frankreich ist das Kopftuch für Lehrerinnen und Schülerinnen, in Deutschland „nur" für Lehrerinnen vielfach verboten. Das Bundesverfassungsgericht hat die Länder angewiesen, die Kopftuchfrage zu regeln. In Baden-Württemberg wurde z.B. das Gesetz zum Verbot des Kopftuches im Schuldienst am 01.04.2004 vom Landtag verabschiedet.

Der Islam ist, wie das Christentum, eine Religionsform mit vielen Erscheinungsformen. Sicherlich ist es eine unbestreitbare Tatsache, dass im Islam Kräfte existieren, welche den Grundpfeilern unserer freiheitlichen Verfassungsordnung teilweise elementar widersprechen. Es stellt sich jedoch die Frage, wann das Stück Stoff auf dem Kopf einer muslimischen Frau als entsprechend umfassend politisches Symbol zu verstehen ist und wann nicht? Des Weiteren stellt sich die Frage, ob ein Kopftuchverbot nicht genau jene unerwünschte Form des Islam unterstützt, statt sie zu unterbinden?

Wenn das Tragen eines Kopftuches zu kollektiven gesellschaftlichen Sanktionen (Ausschluss aus bestimmten Berufsfeldern) führt, dann schweißt es Muslime in einer Art und Weise zusammen, die dem innermuslimischen Prozess einer Entwicklung zum europäischen Islam entgegen wirken kann. Mit einem Kopftuchverbot im öffentlichen Raum werden alle Muslime als Verfechter eines politisierten und frauenfeindlichen Islam oder gar als Vertreter eines politischen Islamismus gebrandmarkt. Dies kann eine abwehrende Haltung vieler Muslime gegenüber der sie umgebenden Gesellschaft zur Folge haben. Muslime könnten Deutschland weniger freiheitlich demokratisch empfinden und die Mehrheitsgesellschaft könnte jede Muslima, die dennoch ein Kopftuch trägt, als Fanatikerin verurteilen. Dies ist bereits heute spürbar. Außerparlamentarisch, im gesellschaftlichen Miteinander, wird das Kopftuchverbot bereits umgesetzt und führt zu Diffamierungen der kopftuchtragenden muslimischen Frauen: „Noch nie, so ist von Frauen mit Tüchern zu hören, war Ablehnung so deutlich zu spüren wie derzeit; nicht einmal nach dem 11. September. Damals gab es neben der offenen Distanzierung auch viele Versuche zur Kontaktaufnahme, um zu erfahren, wie Muslime auf das entsetzliche Ereignis reagieren. Das ist heute ganz anders: Frauen mit Kopftüchern erleben fast überall Ausgrenzung und Missbilligung, und zwar unverhohlen und direkt, so als gäbe es dazu eine öffentliche Aufforderung."(taz-Artikel)

Die bisherigen gegenseitigen Anstrengungen zur Integration von etwa drei Millionen in Deutschland lebenden Muslimen werden hierdurch gefährdet. Mit einem solchen Verbot werden muslimische Frauen mit beruflichen Zielen, die eigentlich auf die Integration in die deutsche Gesellschaft ausgerichtet waren, in muslimische Organisationen gedrängt, da sie aus dem öffentlichen Raum verbannt werden. Die von allen Seiten als unerwünscht bezeichnete Entwicklung zu einer muslimischen Parallelgesellschaft wird hierdurch verstärkt. Insofern erscheint ein Kopftuchverbot für den Integrationsprozess als kontraproduktiv, während eine interkulturelle Öffnung aller Arbeitsplätze auf diesen Prozess förderlich wirken würde.

4. Produktrealisierung – Realisierung der Integration

4.1. Der PDCA - Zyklus

In Abschnitt 7: „Produktrealisierung" aus der internationalen Norm liegt das Augenmerk auf dem Unternehmenszweck. Darin wird die Realisierung des Kernprozesses behandelt. Dafür ist es zweckmäßig, die Bedeutung des PDCA - Zyklus zu erläutern: Erst planen, dann umsetzen, überprüfen und handeln (**P**lan-**D**o-**C**heck-**A**ct = PDCA).

- *„Plan"* beinhaltet die gesamte Planung zum Erreichen von Zielen.

Hierfür müssen zunächst einmal Ziele definiert und festgelegt werden. So zum Beispiel die Qualitätsziele einer Organisation.

Die festgelegten Qualitätsziele sind schriftlich zu fixieren und müssen dem Mitarbeiter vermittelt werden. Zur Planung gehört auch die Sammlung von Daten, die für die Ziele von Bedeutung sind und deren Erreichen beeinflussen. Nach dieser eingehenden Informationssammlung werden Maßnahmen festgelegt und konkrete Aktionspläne erstellt für die Realisierung der definierten Ziele.

- *„Do"* behandelt nun die konkrete Umsetzung der geplanten Maßnahmen und Aktionspläne.

Dabei werden die Aktivitäten permanent überwacht und Zwischenergebnisse ermittelt. Nur so kann festgestellt werden, ob man sich noch auf dem richtigen Weg befindet, um die festgelegten Ziele zu erreichen.

Zielorientiertes Handeln ist wesentlicher Bestandteil des Qualitätsmanagements.

- *„Check"* beinhaltet die Überprüfung der ermittelten Ergebnisse.

Dabei kann diese Überprüfung zwei mögliche Resultate aufzeigen:

1. Die definierten Ziele können mit den geplanten Maßnahmen erreicht werden.

2. Die definierten Ziele können mit den geplanten Maßnahmen nicht erreicht werden.

3. Die geplanten Maßnahmen werden nicht umgesetzt.

Mit dem ersten Fall ist eine Idealvorstellung verbunden. Je nachdem, wie komplex die zu erreichenden Ziele und die dazugehörigen Maßnahmen sind, kann die Zielerreichung im ersten Anlauf funktionieren oder bedarf der Korrektur, wie im zweiten Fall dargestellt wird. Der dritte Fall sollte unbedingt durch die Geschäftsführung hinterfragt werden. Handelt es sich um ein Verständnisproblem oder gibt es andere Lösungsvorschläge, die vom Management nicht ausreichend berücksichtigt wurden?

Ergibt die Überprüfung, dass die Ziele nicht auf geplante Art und Weise erreicht werden können, so müssen die Ursachen hierfür durchleuchtet werden. Prinzipiell gilt es in diesem Fall

- die Maßnahmen zu hinterfragen hinsichtlich ihrer Wirksamkeit/Effektivität. Sind die richtigen Maßnahmen eingeleitet worden, um die Ziele zu erreichen?
- die Ziele zu überprüfen hinsichtlich ihrer Erreichbarkeit. Sind die Ziele möglicherweise zu

hoch gesteckt und mit den vorhandenen Ressourcen nicht zu erreichen?

• *„Act"* beinhaltet die Konsequenz aus der Überprüfung der Maßnahmen und Ziele.

Stellt sich heraus, dass die Maßnahmen nicht effektiv genug waren, um die gesetzten Ziele zu erreichen, werden nun neue Maßnahmen und Aktionspläne erarbeitet. Hat man festgestellt, dass die Ziele nicht erreichbar waren, so werden in diesem Schritt die Ziele überarbeitet und neu formuliert. Der Kreis schließt sich und der Zyklus beginnt von vorne. Denn neue Ziele und neue Maßnahmen müssen ebenfalls geplant (Plan), umgesetzt (Do), überprüft (Check) und gegebenenfalls korrigiert (Act) werden.

Die konsequente Anwendung des PDCA-Zyklus sorgt dafür, dass ständige Verbesserung innerhalb der Organisation tatsächlich aktiv gestaltet wird und nicht nur als Floskel des Qualitätsmanagements existiert. Der PDCA-Zyklus lässt sich auf allen Ebenen des Unternehmens anwenden: Sowohl für die übergeordnete Rahmengebung, also Unternehmenspolitik und Qualitätspolitik, als auch für jeden einzelnen Prozess.

4.2. Ermittlung von Anforderungen an die Leistungserbringung

Die Definition von Qualität beinhaltet die Fähigkeit einer Organisation, festgelegte und vorausgesetzte Erfordernisse zu erfüllen. Der Kunde gibt diese Erfordernisse vor. Die Ermittlung dieser Erfordernisse oder auch Anforderungen ist Basis für die Realisierung der Leistung. Festgelegte Anforderungen können Vertragsvereinbarungen sein, die gemeinsam mit dem Kunden verhandelt wurden. Vorausgesetzte Erfordernisse gehen darüber hinaus. Sie werden vom Kunden meist nicht kommuniziert, weil es sich aus seiner Sicht um Selbstverständlichkeiten handelt.

Aus der Perspektive des Unternehmens stellt sich die Situation aber oft ganz anders dar. Dies führt dazu, dass Kundenforderungen - eben die vorausgesetzten, nicht kommunizierten - nicht erfüllt werden. Anforderungen an das Produkt oder die Dienstleistung werden oft durch Gesetze und behördliche Regelungen festgelegt. Diese betreffen zum Beispiel Sicherheitsaspekte und Funktionstauglichkeit. Der Unternehmer muss in seinem eigenen Interesse dafür Sorge tragen, dass alle Vorschriften und Regelungen beachtet werden. Im schlimmsten Fall kann die gesetzlich geregelte Produkthaftung für ihn existentielle Konsequenzen mit sich bringen.

4.3. Interkulturelle Kundenanforderungen

Die Organisation definiert auch eigene Anforderungen an ihre Produkte/Dienstleistungen. Dies kann geschehen, um vorausgesetzte Selbstverständlichkeiten festzulegen oder aber um sich durch Besonderheiten der eigenen Produkte/Dienstleistungen gegenüber anderen zu profilieren.

Politik:

Die Politik muss mit ihren interkulturell ausgerichteten Maßnahmen allen bzw. der Gesamtbevölkerung gerecht werden. Sie ist aufgefordert, den Blickwinkel der Gleichbehandlung von Personen der Mehrheitsgesellschaft und Menschen mit Zuwanderungsgeschichte in allen gesellschaftlichen Bereichen und auf allen politischen Ebenen einzunehmen und die diesbezüglichen Entscheidungsprozesse entsprechend zu (re-)organisieren, zu verbessern, zu entwickeln und zu evaluieren.

Wirtschaft und Unternehmen:

Auch wenn jede/r Kunde/in von Wirtschaft oder Unternehmen als Arbeitnehmer oder als Konsument ist, so sind auch hier spezifische Kundenanforderungen zu analysieren. Wenn eine Fahrschule z.B. in einem von Migranten bewohnten Gebiet über mangelnde Nachfrage klagt, dann kann durch Überlegungen zu Kundenanforderungen eine Erhöhung der Nachfrage erreicht werden. Wenn diese Fahrschule z.B. ausschließlich männliche Fahrlehrer eingestellt hat, im Umfeld jedoch viele muslimische Jugendliche leben, dann kann die Einstellung eines weiblichen Fahrlehrers zu einer größeren Akzeptanz dieser Fahrschule bei diesem Kundenkreis führen. Nicht nur muslimische Fahrschülerinnen fühlen sich, im Auto alleine, mit einer weiblichen Begleitperson wohler, als mit einer männlichen.

Bietet ein Unternehmen ein Produkt an, welches gerade von MigrantInnen nicht angenommen wird, so sollten die spezifischen Annahmebarrieren analysiert werden. Hierzu könnten z.B. potentielle kulturelle Zugangsbarrieren betrachtet oder gezielte Befragungen durchgeführt werden. Zur Einhaltung ihrer Speisegebote benötigen Muslime bei Lebensmittelprodukten z.B. eine detaillierte Auflistung der Inhaltsstoffe um sicher zu gehen, dass darin kein Schweinefleisch, oder etwas, was irgendwie Blut enthalten könnte (Gelatine) oder versteckter Alkohol verborgen ist.

Bildung:

MigrantInnen stellen als Kunden bezüglich der Bildung andere Ansprüche als die Menschen der Mehrheitsgesellschaft. Während deutsche Eltern bereits im Kindergarten eine spezifische Förderung ihres Kindes erwarten, sehen MigrantInnen den Kindergarten häufig eher als Spielraum für Kinder. Allerdings wächst in diesem Personenkreis das Verständnis dafür, dass der Kindergarten als Ort des Erlernens der deutschen

Sprache für die Kinder von Bedeutung ist. Hierdurch erlangt die Förderung der Muttersprache bzw. die zweisprachige Erziehung im Kindergarten einen besonderen Stellenwert in der Pädagogik des Kindergartens; dies wird umso dringlicher, wenn man sich vor Augen hält, dass bereits 50% der Kinder im Kindergarten eine Zuwanderungsgeschichte haben. Die Anforderungen des Kindergartens haben sich durch die Existenz von MigrantInnen gewandelt, da diese Institution nun auch den Kundenanforderungen dieses Personenkreises gerecht werden muss. Dies lässt sich für alle Bereiche der Bildung formulieren.

Das Schulsystem der modernen Industriegesellschaft steht in einer instrumentalen Beziehung zu umfassenden gesellschaftlichen Bezugssystemen. So muss das Schulsystem mit seinen Einflussmöglichkeiten, der Wirtschaft, der Sozialstruktur (= Gesellschaft) und dem politischen Bereich, letztlich dem Staat gerecht werden.

Somit lassen sich hinsichtlich der Schule drei grundlegende Funktionsbereiche definieren:

1. Die Schule übt die Funktion der Sozialisation und Qualifizierung aus. Unter Qualifikation wird die Vermittlung von Fertigkeiten und Kenntnissen verstanden, die zur Ausübung konkreter Arbeit und zur Teilnahme am gesellschaftlichen Leben erforderlich sind. Der Erhalt eines hohen technologischen Standes der Arbeitsprozesse bedingt den Erwerb gewisser Qualifikationen, wobei durch die Schulen die Schaffung von Arbeitsvermögen vorangetrieben wird.

2. Die zweite Funktion der Schule ist in der Allokation beziehungsweise Selektion zu sehen. Durch die Aneignung von besonderen Qualifikationen wird der Aufstieg in höhere soziale Schichten ermöglicht. Es entsteht eine soziale Mobilität, die einen Verteilungsmechanismus von Lebenschancen darstellt.

3. Gleichzeitig erzeugt die Schule, in ihrer dritten Funktion, ein sozialintegratives Bewusstsein. Da die

Schule als Legitimation des jeweiligen politischen Trägersystems und der sozialen Verhältnisse einer Gesellschaft zu werten ist, muss sie auf die Integration der Individuen in dieses System bedacht sein.

Die Integrationsfunktion des Schulsystems beinhaltet die Reproduktion von Normen, Werten und Interpretationsmuster einer Gesellschaft. Sie bezieht sich somit sowohl auf die Integration politischer Herrschaftsverhältnisse als auch auf die Integration des Individuums in gesellschaftliche Bezugsgruppen.

In einer multikulturellen und multireligiösen Gesellschaft und Kultur wird somit die interkulturelle Öffnung unumgänglich. Die Integration anderer Lebensmuster in das Bildungssystem ist dringend erforderlich, da ein Teil der Schülerschaft diese anderen Muster repräsentiert. Diese Schülerschaft und ihre Eltern vertreten als Kunden der Bildung andere Anforderungen, denen das Bildungssystem Rechnung tragen sollte.

Ein breites Spektrum an pädagogischen Untersuchungen beschäftigt sich mit der Schule und Forderungen nach umfassender interkultureller Bildung. In der Vergangenheit – und eigentlich bis heute - bereiten die Inhalte der Lehrpläne an Schulen nicht auf die Globalität der Welt und die Vielfalt innerhalb der deutschen Gesellschaft vor. Vielmehr konzentrieren sich die Lehrpläne und die damit verbundene Pädagogik und Didaktik vor allem auf Deutschland und Deutschsein. Das ist sicherlich bis zu einem gewissen Grad wichtig und richtig: wer deutscher Staatsbürger werden oder sein will, der muss auch darüber viel erfahren können, um seine Identität zu finden und zu wahren. Doch zum einen gibt es Mitschüler, die nicht nur deutsch sein wollen, da sie nicht nur einen deutschen Pass bzw. weil sie keine Eltern mit deutschen Pässen haben; zum anderen existiert die Forderung nach sozialer Identität innerhalb einer multikulturellen Gesellschaft. Für die Sicherstellung eines friedlichen Miteinanders sollte es zu einem Dialog und zu einem Verständnis für Vielfalt kommen. Dies können und sollten Kinder im Unterricht begreifen lernen.

Beide Aspekte interkultureller Bildung: Der Fokus auf gegenseitige Akkulturation als auch der Fokus umfassend erfahrener Bildung haben ein Ziel: *die Bildung eines Identitätsverständnisses, welches die ethnische Identität im multikulturellen Miteinander verankert.*

Zum gegenwärtigen Zeitpunkt existiert kein Aspekt von Interkulturalität im Identitätskonzept, in welche sich ein einreisender Ausländer akkulturieren könnte bzw. ein hier geboren Mensch, sei er oder sie deutscher oder ausländischer Abstammung, akkulturieren kann. Diese Annahme scheint auch dadurch bestätigt, dass vor allem bei hier geborenen ausländischen Jugendlichen in wachsendem Maße eine Orientierungslosigkeit hinsichtlich ihrer kulturellen Identität nachweisbar ist. In Amerika bezeichnen und empfinden sich alle Menschen gleichermaßen als Amerikaner – ganz gleich welche Zuwanderungsgeschichte sie haben. Deutsche Jugendliche mit türkischer Zuwanderungsgeschichte (der Eltern) antworten (auch im Ausland) vielfach auf die Frage, welcher Nationalität sie angehören, ganz selbstverständlich: „Ich bin Türke!". Dies obwohl sie einen deutschen Pass besitzen!

Gerade dieser Personenkreis macht deutlich, dass die Erziehung bzw. Bildung zu interkultureller Identität von zentraler Bedeutung sein sollte. Somit konzentriert sich ein Teil interkultureller Bildung darauf, Interkulturalität als Aspekt der Identität im Einzelnen zu verankern.

Bildlich könnte dies so dargestellt werden:

Identitäts-
verständnis
als Einheit von:

    religiöser Identität

    sozialer Identität
    innerhalb einer
    multikulturellen
    Gesellschaft

    ethnischer Identität

Nicht nur die Konzentration auf Deutschland, sondern prinzipielle pädagogische Ansätze des deutschen Schulsystems widersprechen einer Erziehung zu Offenheit, Toleranz und einer gemeinsamen sozialen Identität innerhalb einer multikulturellen Gesellschaft. Hier kann nicht im Einzelnen auf alle Punkte eingegangen werden aber dennoch sollten einige genannt sein, damit eine Diskussion hierüber entstehen kann.

1. In den Schulen wird eine regionenzentrierte Weltsicht vermittelt.

2. Dabei wird (geographisch) vom Nahen zum Fernen vorgegangen.

3. Letztlich bleibt die „Weite Welt" weit weg vom persönlichen Erfahrungsbereich der Jugendlichen – dabei ist sie an der Nachbartür ganz greifbar.

4. Das Wissen über die Welt wird in Fächern und Teilbereichen vermittelt, wobei ein interdisziplinärer Focus nahezu völlig fehlt.

5. Die Kinder und Jugendlichen lernen überwiegend als passive Zuhörer nicht als aktiver Teil.

6. Dies wird noch dadurch verstärkt, dass sie durch Abstraktion, nicht durch Erfahrung lernen.

7. Letztlich wird im Bildungssystem eher Konkurrenz und Wettstreit und weniger ein solidarisches Miteinander gefördert.

Betrachtet man das derzeitige deutsche Bildungssystem, so müssen ganz deutlich die Forderungen nach Erziehungsidealen innerhalb eines multikulturell orientierten Bildungssystems formuliert werden. In diesem Zusammenhang ist auf die Friedenserziehung, die antirassistische Erziehung, auf die Erziehung, die auf „aufgeklärten Ethnozentismus" konzentriert ist sowie auf „globales Lernen" hinzuweisen. Diese Erziehungsideale werden von einigen Pädagogen als allgemein verbindliche Ideale des Schulsystems bereits seit Jahrzehnten gefordert. Es sollte nicht noch weitere Jahrzehnte dauern, bis diese Forderungen ins Bildungssystem integriert werden.

Dienstleistung:

Kundenanforderungen im Dienstleistungssektor sind je nach ihrem Bereich, ob Verwaltung, Kranken- oder Pflegedienstbereich, Jugend- oder Seelsorgearbeit usw. spezifisch zu erfassen. Auch hier unterscheidet sich die Zielgruppe MigrantInnen unter Umständen erheblich von der Zielgruppe Mehrheitsgesellschaft.

Hier sollte jeder Anbieter unbewusste Ausgrenzungsbarrieren kritisch reflektieren. Wenn das Angebot einer Einrichtung von der Zielgruppe MigrantInnen nur unzureichend angenommen wird, so sollte zunächst festgestellt werden, wie viele MigrantInnen innerhalb des Einzugsgebietes der Einrichtung leben. Hierbei ist es ggf. erforderlich, nach Herkunftsland, Aufenthaltsdauer und/oder Religionszugehörigkeit zu differenzieren.

Stellt sich heraus, dass MigrantInnen entsprechend ihrer Präsens im Umfeld in der Einrichtung unterrepräsentiert sind, so sind die Hintergründe hierfür zu erörtern. Informationsabende in der jeweiligen Sprache, Einzelgespräche mit VertreterInnen der jeweiligen MigrantInnengruppe oder auch in der jeweiligen Sprache verfasste Fragebögen können als Methoden zur Erhebung der Kundenanforderungen hilfreich sein.

Die Kompetenzen der Selbsthilfeorganisation von MigrantInnen und/oder der spezifischen Migrationsfachdienste vor Ort sollten in diesen Prozess der Analyse der Kundenansprüche mit einfließen. Zum Aufbau gezielter Angebote wird es hilfreich sein, die Zusammenarbeit mit den Betroffenen, mit Selbsthilfeorganisationen anzustreben sowie interkulturell und muttersprachlich qualifiziertes Personal einzustellen. In Kooperation mit bestehenden Selbsthilfestrukturen kann so ein spezifisches Beratungs- und Informationsangebot für MigrantInnen entwickelt werden.

4.4. Kommunikation mit MigrantInnen

Anhand des ISO-Modells für den prozessorientierten Ansatz wird sichtbar, welchen Stellenwert die Kommunikation mit dem Kunden für das Unternehmen hat. Die Kundenorientierung kann nicht ohne Kommunikation mit dem Kunden vonstatten gehen. Die Organisation muss Regelungen finden, durch welche die Kommunikation mit dem Kunden systematisiert wird und zu einer guten Kunden-Lieferanten-Beziehung beiträgt. Der Aufbau von transparenten Kommunikationswegen erleichtert dem Kunden den Zugang zum richtigen Ansprechpartner!

Die Kommunikation mit dem Kunden findet in drei Phasen statt:

- *Vor Leistungserstellung:* Die Kommunikation erstreckt sich auf die Ermittlung der Kundenforderungen.

- *Während der Leistungserstellung:* Die Kommunikation umfasst Änderungen der Vorgaben während der Leistungserstellung.

- *Nach der Leistungserstellung:* Die Kommunikation beinhaltet Rückmeldungen des Kunden einschließlich Reklamationen und Beschwerden.

In der Kommunikation mit Menschen mit Zuwanderungsgeschichte potenzieren sich Kommunikationsprobleme, die sich auch bei monokultureller Kommunikation ergeben. „Sprache allein kann keinen Sinn feststellen. Sie ist für Wahrheit und Unwahrheit offen."(Wahrlich, 1991)

Erfolgreiche Kommunikation ist von der Übereinstimmung zwischen SenderIn und EmpfängerIn einer Botschaft abhängig. Encodierung und Dekodierung einer Botschaft müssen deckungsgleich sein. Eine Übereinstimmung ist abhängig von einem gemeinsamen Bezugssystem. Dies ist in der interkulturellen Begegnung nicht unbedingt gegeben. Aus diesem Grund werden im Folgenden beispielhaft einige Unterschiede bezüglich der Kommunikation genannt.

Sprache reduziert Wirklichkeit, dies führt zu einem Informationsverlust durch die gewählte Wortwahl. Sprache reproduziert Wirklichkeit, dies spiegelt sich in den Informationsschwerpunkten der jeweiligen Wortbildungen. So kennen Inuit z.B. eine Vielzahl von Worten für Schnee, während in Ländern mit wenig Schnee nur ein Wort gegeben ist.

Der Sprachgebrauch vermittelt immer auch eigenkulturelle Standards, egal ob dabei abstrakte Begriffe, wie „Freiheit" oder „Selbstvertrauen", konkrete Begriffe, wie „Haus", „Hund", „Kind", Institutionen, wie „Schule", „Arbeitsstätte", Handlungen, wie „Kaffee trinken", „spazieren gehen", oder Bewertungen bzw. Empfindungen wie „freundschaftlich" oder „unpolitisch" zum Tragen kommen.

Hierdurch können Übersetzungen zu Missverständnissen führen, da eigene kulturelle Standards angenommen werden: Eine Einladung „in mein Haus" bedeutet z.B. für einen Menschen vom afrikanischen Kontinent oder einen Osteuropäer etwas anderes als bei einem Deutschen. „He ist a friend" bedeutet beispielsweise für einen Amerikaner: er ist ein Bekannter, während die Übersetzung „er ist ein Freund" für einen Deutschen eine enge Beziehung voraussetzt.

Auch bei dem *Ablauf eines Sprechaktes* kann es zu Verwirrungen kommen. In den USA ist es z.B. üblich, sich für ein Kompliment zu bedanken. In Japan wird ein Kompliment aus Bescheidenheit höflich zurückgewiesen. In Chile kann eine deutlich zum Ausdruck gebrachte Begeisterung für ein Kleidungsstück dazu führen, dass derjenige, dessen Kleidungsstück gelobt wurde, dieses an den Lobenden abtritt. In Japan ist eine deutliche Zurückweisung durch ein klares „nein" nicht denkbar, vielmehr werden einem „ja" so viele Ausführungen beigefügt, dass es als „nein" oder „vielleicht" gedeutet werden kann.

Auch *Argumentations- und Textaufbauschemata* sind kulturell verschieden. Angelsächsisch ist ein Argumentsaufbau linear und auf das Aussageziel bezogen. In Deutschland werden erst ausführliche Grundsatzüberlegungen angeführt, welchen dann die eigentliche Aussage (in Geistes- und Sozialwissenschaften) folgt. In Japan nähert man sich durch ein spiralförmiges Beleuchten von allen Seiten, ohne unbedingt eine Position anzunehmen, in langsamem herantasten der eigentlichen Aussage.

Auch im *paraverbalen Bereich* der Kommunikation gibt es große kulturelle Unterschiede. In vielen europäischen Sprachen steht eine fallende Intonation für eine Aussage. In manchen südindischen Sprachen bedeutet eine fallende Intonation jedoch eine Frage. In europäischen Sprachen liegt die Betonung auf dem, was dem Sprecher wichtig ist. In südasiatischen Sprachen liegt hingegen die Betonung auf dem einleitenden Teil, da dieser die Verknüpfung zu vorher gesagtem herstellt. Bei manchen afrikanischen und arabischen Sprachen kündigt eine erhöhte Lautstärke einen Sprecherwechsel an. Dem gegenüber verbindet man in der europäischen

Sprache eine Erhöhung der Lautstärke mit einem baldigen Streit.

Kommunikationsstrategien können ebenso verwirren. In Deutsch stehen Konjunktive für die Einbeziehung der Beziehungsebene in die Kommunikation: „wenn es möglich wäre" sagt z.B. ein Chef, wenn er mit seinem Angestellten auch befreundet ist. In den USA drückt „would you like to?" einen "freundlichen" Befehl, nicht eine Frage aus!

Diese Beispiele zeigen, dass die Kommunikation mit Menschen, die eine Zuwanderungsgeschichte aufweisen, sehr problembehaftet sein kann. Dies umso mehr, wenn die deutsche Sprache als Zweit- oder Drittsprache erlernt wurde. Dies sollte in allen Bereichen der Kommunikation berücksichtigt werden.

Dabei lassen sich die Probleme interkultureller Kommunikation prinzipiell nicht ausschließlich auf kulturelle Differenzen reduzieren. Auch wenn bereits unterschiedliche Begrüßungsrituale zu Irritationen und Konflikten führen können, so sollten bei der Bewertung von Kommunikationsschwierigkeiten in der Einwanderungsgesellschaft und bei den Minderheiten die gegenseitigen stereotypen Fremdbilder nicht unbeachtet bleiben.

MigrantInnen bringen nicht selten Diskriminierungserfahrungen mit, welche auch unterschiedliche Macht- bzw. Ohnmachtserfahrung bedingen. Sozialpsychologische Faktoren der Migrationserfahrung sollten bei der Bewertung von MigrantInnenverhalten nicht unberücksichtigt bleiben. Ebenso sollte in der Mehrheitsgesellschaft ein entsprechendes Bewusstsein für die Bewertung von Machtpositionen, welche die Mitgliedschaft in diesem Personenkreis per se mit sich bringen, geschult werden.

5. Messung, Analyse und Verbesserung der Interkulturellen Arbeit

5.1. Messung und Überwachung

Messen, analysieren und anschließend verbessern – das sind die tragenden Elemente im Qualitätsmanagement. Ganz im Sinne des PDCA-Zyklus wird jeder Schritt geplant, bevor er umgesetzt wird. Es finden Prüfungen von Prozessen, Produkten und Dienstleistungen statt. Ergebnisse werden analysiert, um dann anschließend Verbesserungen einzuleiten.

Die Norm fordert Messungen zu folgenden Themen:

- Kundenzufriedenheit
- Leistung des Qualitätsmanagementsystems
- Leistung der Prozesse
- Konformität der Leistungen mit den Anforderungen

Die Organisation entscheidet selbst darüber, ob und welche Methoden und statistischen Verfahren sie anwendet.

Messung und Überwachung der Kundenzufriedenheit

Führt man sich nochmals das ISO-Modell eines prozessorientierten Ansatzes vor Augen, so wird der Stellenwert der Kundenzufriedenheit ersichtlich.

Zu Beginn und zum Ende des Wertschöpfungsprozesses steht der Kunde, wobei das angestrebte Ziel jeder Organisation ist, die Kundenzufriedenheit zu erreichen und im besten Fall zu erhöhen. Die logische Konsequenz ist also, dass die Erreichung der Kundenzufriedenheit durch die Organisation überwacht werden muss, um rechtzeitig auf Signale der Unzufriedenheit zu reagieren und Maßnahmen einzuleiten, die dem angestrebten Ziel, nämlich der Zufriedenheit, entgegenkommen und dessen Erreichung fördern.

Die Methoden zur Beschaffung und Auswertung von Informationen über die Kundenzufriedenheit müssen vorher festgelegt werden. Durch die Überwachung von Daten aus der Messung der Kundenzufriedenheit erhält man ein wichtiges Instrument zur Überprüfung des Qualitätsmanagementsystems.

Internes Audit

Interne Audits dienen zur Überwachung der Effektivität und Effizienz des Qualitätsmanagementsystems. Durch ein Audit kann festgestellt werden, ob das Qualitätsmanagementsystem interne und externe Anforderungen erfüllt. Die externe Anforderung ergibt sich u.a. durch die Anwendung von Standards, in diesem Fall eben durch die Internationale Norm ISO 9001.

Die ISO 9001 fordert die Durchführung regelmäßiger geplanter Audits und zu diesem Zweck die Erstellung eines Auditprogramms.

Im Auditprogramm werden Kriterien, Umfang, Häufigkeit und Methoden der Audits fixiert. Darüber hinaus wird ein dokumentiertes Verfahren zur Planung und Durchführung von Audits gefordert, wobei Verantwortlichkeiten und der Ablauf eines internen Audits zu regeln sind. Auch Inhalte von Auditberichten und daraus resultierende Folgemaßnahmen müssen hierbei Beachtung finden. Werden Abweichungen festgestellt und sind Korrekturmaßnahmen vereinbart, so muss deren Umsetzung überwacht werden.

Es erklärt sich von selbst, dass ein Auditor seine eigenen Tätigkeiten nicht auditieren darf, da aufgrund seiner subjektiven Einbindung die Unparteilichkeit und Objektivität nicht gewährleistet ist.

Die Ergebnisse von durchgeführten internen Audits und Folge-Audits müssen aufgezeichnet werden.

Messung und Überwachung von Prozessen

Alle Prozesse innerhalb des Qualitätsmanagementsystems sollen unter beherrschten Bedingungen erfolgen. Diese Aussage beinhaltet alle Prozesse aus den vier Kapiteln der ISO 9001 und den kontinuierlichen Verbesserungsprozess (KVP). Die Organisation selbst definiert die relevanten Prozesse für die Realisierung ihrer Leistung, während die anderen Prozesse durch die Norm definiert werden.

Eine Beherrschung dieser Prozesse wird entweder qualitativ durch Überwachung oder quantitativ durch Messung der Prozessfähigkeit erreicht. Die Organisation entscheidet über die jeweils anzuwendende Methode.

Hat die Überwachung oder Messung gezeigt, dass das gewünschte Ergebnis am Ende des Prozesses nicht erreicht wird, dann müssen Korrekturen am Ergebnis erfolgen und/oder Korrekturmaßnahmen bezüglich der Prozesse eingeleitet werden. Ziel ist nach wie vor die Erreichung der Kundenzufriedenheit durch Erfüllung der gestellten Anforderungen.

Messung und Überwachung von Produkten

Die Organisation muss die Produktmerkmale messen und überwachen, um die Erfüllung der Produktforderungen zu gewährleisten. Alle Überwachungen, Prüfungen und entsprechende Aufzeichnungen für den Realisierungsprozess wurden bereits in der Planungsphase festgelegt. Dieser Punkt behandelt nun die tatsächliche Umsetzung jener Methoden, um einen tatsächlichen Nachweis über die Konformität der Ergebnisse mit den Kundenanforderungen zu erhalten.

Ergebnisse aus der Überwachung und Messung können während der Leistungserbringung und auch am Ende der Leistungserbringung ermittelt werden, d. h. Zwischenprüfungen am Produkt bzw. an der Dienstleistung sind hier inbegriffen. Eine Freigabe des Produktes darf erst erfolgen, wenn die Ergebnisse aller

Messungen und Überwachungen zufriedenstellend sind, es sei denn der Kunde selbst trifft eine Sonderregelung.

Beispiel Friseur: Es kann sein, dass der Kunde rosa Strähnchen auf karottenfarbenem Haar chic findet und dieses Resultat somit freigibt. Der Nachweis über die Erfüllung der Kundenforderungen muss dokumentiert werden.

Lenkung fehlerhafter Produkte

Nun kann es passieren, dass Produkte erstellt wurden, die trotz größter Sorgfalt den Forderungen nicht entsprechen. Der Normpunkt „Lenkung fehlerhafter Produkte" fordert einen systematischen und korrekten Umgang mit festgestellten Fehlern. Es soll verhindert werden, dass fehlerhafte Produkte in Umlauf kommen. Zu diesem Zweck muss ein dokumentiertes Verfahren festgelegt werden.

Datenanalyse

Die Organisation muss alle Daten erfassen und analysieren, die einen Hinweis über die Eignung bzw. Wirksamkeit des Qualitätsmanagementsystems geben. Hierzu gehören zum Beispiel Informationen über Kundenzufriedenheit, Einhaltung von Forderungen, Prozessmerkmale usw. So erlangt das Unternehmen wichtige Informationen, auf deren Grundlage Entscheidungen getroffen werden können. Dies entspricht voll und ganz dem Managementgrundsatz der sachlichen Entscheidungsfindung.

Ständige Verbesserung

Die ständige Verbesserung kann auch als „Herzstück" des Qualitätsmanagements bezeichnet werden. Die ständige Verbesserung hält das System und die Organisation am Leben. Der kontinuierliche Verbesserungsprozess (KVP) reicht in alle Bereiche des Qualitätsmanagementsystems und darüber hinaus. Nur durch ständige Verbesserungen kann die Kundenzufriedenheit und somit die Existenz dauerhaft gesichert werden. Das Motto für das Qualitätsmanagementsystem und für die Organisation lautet: *Stillstand bedeutet Tod!*

Korrekturmaßnahmen

Korrekturmaßnahmen sind die Konsequenz aus zuvor erkannten Fehlleistungen. Es muss nicht nur das fehlerhafte Resultat, sondern auch die Ursache des Fehlers beseitigt werden. Korrekturmaßnahmen erlauben der Organisation einen Schritt nach vorne, indem sie den Blick nach hinten richtet. Der Rückblick ist erforderlich, um die Abläufe und Umstände, die zu dem Fehler geführt haben, zu rekonstruieren und Schlüsse daraus zu ziehen. Die Ermittlung der Fehlerursache kann kleinlichste Detailarbeit bedeuten. Hat die Organisation Fehlerursachen entdeckt, wird dieser bestimmte Fehler nicht mehr auftreten, und somit ist ein wesentlicher Schritt für die ständige Verbesserung erreicht.

Vorbeugungsmaßnahmen

Korrekturmaßnahmen richten den Blick auf bereits gemachte Fehler. Vorbeugungsmaßnahmen richten den Blick in die Zukunft. Hier geht es um die Überlegung, wie künftig Fehler dieser Art und mögliche andere Fehler bereits vor ihrer Entstehung erkannt und vermieden werden können. Diese Bemühungen reichen schon in den Bereich der Risikoanalyse.

5.2. Ist Interkulturelle Arbeit messbar?

Betrachtet man den Stand der derzeitigen Integration, so lässt sich diese volkswirtschaftlich messen:

„Blickt man auf die ‚Zuwanderungsgeschichte' der Bundesrepublik, die vor allem von einer erheblichen Arbeitsmigration von Ausländern gekennzeichnet waren, in den letzten drei Jahrzehnten zurück, zeigen die empirischen Untersuchungen, dass die Migration bisher im Saldo eher positive Wirkungen auf Wirtschaftswachstum, Arbeitsmarkt und Staatshaushalt ausgeübt hat. Dies gilt vor allem deshalb, weil zum einen mit den Ausländern Humankapital zugeflossen ist, für das die Bundesrepublik kaum Ausbildungsinvestitionen tätigen musste. Zum anderen hat sich der bundesdeutsche Arbeitsmarkt bisher für auswärtige Arbeitskräfte im Allgemeinen als recht aufnahmefähig erwiesen. In beruflicher und sektoraler Hinsicht bestehen indes auch für die länger schon hier lebenden Ausländer spürbare Integrationsdefizite; die vorstehende qualitative Analyse zeigte, dass eine weitere Integration von Ausländern in den Arbeitsmarkt längerfristig im Saldo der zusätzlichen Ausgaben und Einnahmen nicht unerhebliche ‚Gewinne' für die deutsche Volkswirtschaft verspricht." (Ministerium für Arbeit, Gesundheit und Soziales NRW, S.78f)

Nichtintegration hingegen ist mit fiskalischem Verlust zu beziffern!

Dieser Verlustrechnung können potentiell zusätzliche Kosten der Nichtintegration hinzugerechnet werden: Aus den statistischen Daten ist zu ersehen, dass MigrantInnen an den strukturellen Veränderungen der Gesellschaft hin zu den anspruchsvollen Dienstleistungsberufen kaum partizipieren, sondern weiterhin, auch in der zweiten und dritten Generation, vorwiegend im Produktionssektor verbleiben.

„Dauert diese Situation an, so können sich in mehrfacher Hinsicht gravierende Folgen ergeben:

- Ein definierbarer, sichtbarer und wachsender Teil der Bevölkerung wird von der Entwicklung in Richtung auf zukunftsweisende Berufe im Dienstleistungssektor abgekoppelt.

- Da der Industriesektor beschäftigungsmäßig tendenziell eher schrumpft (Ausländer sind überwiegend im Produktionssektor verblieben), ergibt sich eine

Beschäftigungslücke für die Einwanderergruppe, die zudem relativ hohe Geburtenraten aufzuweisen hat.

- In Verbindung mit den Herrschaftsfunktionen der Staatsberufe und auch den definierenden Funktionen der gehobenen privaten Dienstleistungsberufe ergibt sich eine strukturelle Ausgrenzung der nichtrepräsentierten Gruppen." (Ministerium für Arbeit, Gesundheit und Soziales NRW, S.78f)

Aus dieser Situation können Kosten erwachsen; Kosten für arbeitslos gewordene MigrantInnen im Produktionssektor sowie Kosten struktureller Ausgrenzung.

Diese Ausführungen belegen: Integration bzw. Nichtintegration ist in vielfacher Weise messbar. Nichtintegration kostet – Integration birgt Gewinn!

Politik:

Zuwanderer werden mit einer Fülle von angenommenen und manchmal auch realen Defiziten wahrgenommen: Ihre Beiträge zum Vorteil der Gesamtgesellschaft wird hingegen kaum artikuliert. Zuwanderer zahlen in soziale Sicherungssysteme ein und tragen somit zu deren Stabilisierung bei. Bundesweit wurden einige Studien veröffentlich, in denen Mathematiker, Statistiker, Soziologen usw. die wirtschaftlichen und sozialökonomischen Folgen des Wegzugs *aller* ausländischen Mitbewohner darlegten. Der Arbeitskräfteverlust hätte produktionseinschränkende Wirkung auf die Wirtschaft, in den Sozialversicherungskassen würden riesige Löcher entstehen, und auch der Kaufkraftverlust wäre enorm. In nahezu alle Bereiche würde der Verlust dieser Arbeitskräfte wirken.

In gleicher Weise kann sich eine positive Haltung zum Aufnahmeland äußern. Untersuchungen belegen, dass noch immer viele Finanzmittel von Menschen mit Migrationshintergrund in ihre Heimatländer fließen. Ein größeres Vertrauen in die Politik des Aufnahmelandes und in eine gesicherte Lebenssituation für die Älteren und die jüngere Generation kann hier zu mehr Investitionsbereitschaft im Aufnahmeland führen. Als Kernprozess politischer Integrationsarbeit ist eine klärende Rechtslage notwendig. Diese kann im wahrsten Sinne des Wortes als Wertschöpfungsprozess bezeichnet werden. Aus der erbrachten politischen Vorleistung resultieren eine höhere Identifikation der MigrantInnen mit ihrem Aufnahmeland und hieraus die Bereitschaft, sich in jeder Hinsicht mehr zu engagieren.

Wirtschaft, Unternehmen:

Wenn nachweislich Ungleichbehandlung ausländischer und deutscher Arbeitnehmer am Arbeitsplatz die Arbeitsprozesse behindern, das Betriebsklima stören und somit einem wirtschaftlichen Erfolg eines Unternehmens entgegenwirken können, so bedeutet dies, dass im Gegenzug eine Gleichbehandlung am Arbeitsplatz die Produktivität und Qualität der Arbeit steigern kann. Die Einführung einer Betriebsvereinbarung bzw. die Umsetzung des Allgemeinen Gleichbehandlungsgesetzes (AGG) als Kernprozess kann einen Wertschöpfungsprozess zugunsten von Wirtschaft und Unternehmen eröffnen.

Nimmt man dann noch hinzu, dass eine interkulturelle Anpassung der Produktpalette vorgenommen wird, so kann dies als zweite mögliche Dimension der Wertschöpfung von Wirtschaft und Unternehmen gewertet werden.

Bildung:

Bildung ist eine Leistung des Staates, von der dieser indirekt seine Werte abschöpft. Je leistungsstärker die Bildung, umso leistungsstärker können sich Wirtschaft und Gesellschaft entwickeln. Gerade bezüglich der Globalisierung der Wirtschaft kann sich eine Industrienation wie die Bundesrepublik nicht leisten, den potentiellen Wertschöpfungsprozess hinsichtlich Bikulturalität und Bilingualität der Menschen mit Zuwanderungsgeschichte zu übersehen. Eine optimierte Bildungspolitik, welche dem globalen und interkulturellen Lernen Raum gewährt und dabei das muttersprachliche Lernen integriert, wird zu Lernerfolgen bei Kindern mit Zuwanderungsgeschichte führen, die derzeit nur andeutungsweise wahrnehmbar sind. Das deutsche Bildungssystem ist derzeit nicht integrationstauglich, und die Ergebnisse der PISA- und IGLU-Studie belegen, dass das Bildungspotenzial von Kindern und Jugendlichen, insbesondere derer mit Zuwanderungsgeschichte, nicht ausgeschöpft wird. Bildung kann als Integrationsmotor gesehen werden. Die Nutzung setzt jedoch Änderungen voraus.

Dienstleistung:

Was bedeutet Wertschöpfung im Kontext der interkulturell orientierten Dienstleistung? Die Teilnahmebereitschaft an integrationsfördernden Maßnahmen und die Partizipation an sozialen Angeboten ist davon abhängig, ob die Angebote dem differenzierten Förderbedarf und den Lebensumständen der Menschen mit Migrationshintergrund entsprechen. Die Praxis hat gezeigt, dass entsprechend ausgearbeitete Angebote im Einzelfall die Nachfrage erhöhen. Wertschöpfung im Kontext der Dienstleistung bedeutet, dass sich mehr Kunden vom jeweiligen Angebot angesprochen fühlen. Dies kann, wie am Beispiel des Begegnungs- und Fortbildungszentrum Muslimischer Frauen e.V. (Köln) dargelegt wurde, zu einem Wachstum des anbietenden Unternehmens führen. Da sich die finanzielle Unterstützung der Wohlfahrtsverbände unter anderem an den erreichten Kundenzahlen orientiert, erscheint dieser Aspekt der Wertschöpfung als für die jeweiligen Institutionen besonders beachtenswert.

Versucht man hinsichtlich der Interkulturellen Arbeit Ergebnisse prozessorientiert zu werten, so ergibt sich:

Politik:

Eine Integrationspolitik mit dem Ziel der gleichberechtigten Teilhabe von MigrantInnen und Menschen mit Zuwanderungsgeschichte am gesellschaftlichen Leben setzt eine Chancengleichheit und weitgehende Rechtsgleichheit voraus. Um dies zu erreichen müssen in Teilschritten die strukturellen und rechtlichen Rahmenbedingungen dieses Personenkreises angeglichen werden. Einbürgerungsvoraussetzungen müssen in diesem Zusammenhang genauso überdacht und verändert werden, wie das Ausländer- und das Asylbewerberleistungsgesetz. Das allgemeine Wahlrecht sowie das bereits genannte Allgemeine Gleichbehandlungsgesetz sind in diese Überlegungen einzubeziehen.

Wirtschaft/Unternehmen:

Hinsichtlich der Integration von MigrantInnen und Menschen mit Zuwanderungsgeschichte in den Arbeitsmarkt sind ebenso rechtliche Voraussetzungen zu ändern wie interne Haltungen von Arbeitgebern zu überwinden. Der Zugang zum Arbeitsmarkt ist zahlreichen MigrantInnen auf Grund rechtlicher und institutioneller Restriktionen verwehrt bzw. erschwert. Wartefristen, Vorrangprinzipien oder der Ausschluss von der Ausübung bestimmter Berufe sowie die fehlende Anerkennung von im Ausland erworbenen Bildung- und Berufsabschlüssen erschweren nicht nur den Migrantinnen den Weg in die Erwerbstätigkeit, sondern auch der Wirtschaft und den Unternehmen die Nutzung des beruflichen Potenzials ausländischer ArbeitnehmerInnen.

Bildung:

Der Prozess der interkulturellen Öffnung des Bildungssystems setzt im ersten Teilschritt die interkulturelle Kompetenz der Lehrerschaft voraus. Hier sind Weiterbildungsangebote dringend erforderlich. Die Integration interkultureller Kompetenz in der Lehrerausbildung ist ebenfalls erforderlich. Veränderungen des Bildungssystems bzw. didaktische und methodische Veränderungen erscheinen ebenfalls notwendig. Hier ist die globale Ausrichtung der Fachinhalte ebenso zu nennen wie die Veränderungen von leistungsmäßiger Differenzierung zu individueller Förderung. Förderangebote der frühkindlichen und vorschulischen Bildung sind in das Bildungssystem ebenso zu integrieren, wie die Förderung der Erst- und Zweitsprachen. Entscheidend erscheint auch ein diskriminierungsfreies Curriculum sowie ein eben- solches Lernumfeld.

Dienstleistung:

Im Zusammenhang der interkulturellen Öffnung von Verwaltung und Sozialer Arbeit ist im ersten Teilschritt die interkulturelle Kompetenz der MitarbeiterInnen zu nennen. Hier sind Weiterbildungsangebote dringend erforderlich. Die Integration interkultureller Kompetenz in die jeweilige Ausbildung zur Fachkraft innerhalb der Berufssparten ist ebenfalls erforderlich. Hier gibt es bereits Bestrebungen zur Implantierung von Qualitäts- sicherungssystemen wie z.B. Veröffentlichungen des Berufsregister Soziale Arbeit zeigen (Informationen unter www.berufsregister.de)

Entsprechend sind die Angebote innerhalb der Dienstleistung an die spezifischen Bedürfnislagen von MigrantInnen und Menschen mit Zuwanderungs- geschichte ebenso anzupassen, wie das Leitbild der jeweiligen Institution.

Da hinsichtlich interkultureller Arbeit alle Menschen, sowohl diejenigen mit Zuwanderungs- geschichte als auch die Menschen der Mehrheits- gesellschaft als Kunden erscheinen, müssen sich die zu erfassenden Kundenanforderungen an dem jeweiligen konkreten Klientel orientieren (dies wurde in Kap. **A 5.** und **A 6.** näher erläutert).

5.3. Überprüfbare Anforderungen an Interkulturelle Arbeit

Betrachtet man die notwendigen Maßnahmen, so sind im Kontext der interkulturellen Öffnung bislang nur wenige Messinstrumente zur Messbarkeit der Erfolge gegeben. Evaluierungen sind kaum normiert und systematisch durchgeführt worden.

Die folgende Aufzählung kann als Leitfaden zur Entwicklung, Durchführung und Evaluation von Maßnahmen zur Umsetzung interkultureller Öffnung gewertet werden. Dabei erhebt sie keinen Anspruch auf Vollständigkeit. Sie kann nur als Orientierung dienen, wobei selbstverständlich nicht alle genannten Faktoren zu erfüllen sind.

Davon ausgehend, dass Qualität die Erfüllung von Anforderungen bedeutet, sollten zur Beurteilung von Maßnahmen zur interkulturellen Öffnung folgende Fragen leitend sein:

1. Auf welcher Handlungsebene wirkt das Projekt?

- Lokale Ebene,
- Regionale Ebene
- Länderebene
- Bundesebene

2. Fand eine Bedarfserhebung statt?

- Sind ethnische Unterschiede im Arbeitsfeld bekannt, so dass die Chancengleichheit von MigrantInnen und Personen der Mehrheitsgesellschaft in einem Projekt ermöglicht ist?
  - In welcher Form werden Informationen gesammelt und analysiert, um den Bedarf orientiert an Mehrheits- und Minderheitengruppe zu erfassen (zur Bewertung der Situation können z.B. Rechtsnormen, Leitlinien, usw. oder Statistiken, Befragungen, welche nach MigrantInnen und Mehrheitsgesellschaft aufgeschlüsselt sind, herangezogen werden.

- Welches sind die Hemmnisse bzgl. der Erreichung von Chancengleichheit von MigrantInnen und Personen der Mehrheitsgesellschaft, welche in dem Projekt bearbeitet werden sollen? Hemmnisse können z.B. diskriminierende Regeln, Verfahren, Instrumente, Praktiken, welche die eine oder andere Personengruppe benachteiligen, sein.
- Gibt es Unterschiede in den Ausgangssituationen von MigrantInnen und Personen der Mehrheitsgesellschaft, wodurch sie unterschiedlich vom Projekt profitieren können? (Ein Unterschied kann z.B. die Aufteilung des Arbeitsmarktes in typische Berufsgruppen für MigrantInnen sein)
- Welchen unterschiedlichen Unterstützungsbedarf haben die angesprochenen Personengruppen?

3. *Welche Zielgruppe wird angesprochen/Partizipieren auch MigrantInnen?*

- Soll sich das Projekt nur an die Mehrheitsgesellschaft oder ausschließlich an MigrantInnen richten?
- Welcher jeweilige Personenanteil ist in einem personengemischten Projekt vorgesehen?
- Sind die gleichen Zugangs- und Teilhabechancen von MigrantInnen und Menschen mit Zuwanderungsgeschichte bzw. Personen der Mehrheitsgesellschaft als Ziel des Projektes formuliert?
- Wenn ja, wie wird im Projekt die ausgewogene Beteiligung der Personenkreise gefördert?
  - Werden z.B. bei der Anwerbung der TeilnehmerInnen alle Personenkreise gleichermaßen angesprochen?
  - Wird das Informationsmaterial für alle Beteiligten gleichermaßen ansprechen gestaltet?

- Wo findet die Werbung für das Projekt statt? An Orten an denen beide Personenkreise sich gleichermaßen aufhalten?
- Inwiefern sind Menschen mit Zuwanderungsgeschichte in das Projekt eingebunden?
- Sind MigrantInnen innerhalb des Projektes aktiv beteiligt; werden sie beteiligt oder beteiligen sie sich und andere?
- Welcher Gruppen sollen angesprochen werden? Sind die kulturellen Unterschiede, unterschiedliche Lebenssituationen und Interessenlagen entsprechen berücksichtigt?

4. Ziele der Maßnahme:

- Für die Maßnahme sollten Ziele zur Chancengleichheit festgelegt werden, welche den Soll-Zustand beschreiben:
  - Soll in der Maßnahme auf die Verringerung migrantenspezifischer Ungleichheitsstrukturen hingewirkt werden?
  - Welche Ziele zur Erreichung der Chancengleichheit von Migranten und Menschen mit Zuwanderungsgeschichte und Mehrheitsgesellschaft verfolg? Werden die Ziele nach den Personengruppen spezifisch differenziert formuliert?
  - Inwiefern fördert die Maßnahme die Chancengleichheit der Personenkreise z.B. bzgl. Bildung/ Ausbildung, Beschäftigungschancen, Lebensplanung, Einkommen, Persönlichkeitsentwicklung?
  - Ist die Maßnahme mit ihren Zielen nachhaltig ausgerichtet? Unterstützt die Maßnahme die gegenwärtig lebenden Generationen in ihren Möglichkeiten der Bedürfnisbefriedigung, ohne dabei nachfolgende Generationen einzuschränken? Potenziale einer nachhaltigen Entwicklung sind z.B. gegeben, wenn:
    - eine Maßnahme *gemeinschaftlich* ist. D.h. Idee und Entwicklung der Maßnahme wurden in Zu-

sammenarbeit von MigrantInnen und Personen der Mehrheitskultur gestaltet.

- eine Maßnahme eine *Kooperation* fördert. D.h. möglichst viele Gruppen von Akteuren werden in die Maßnahme eingebunden z.B. Kommunalverwaltung, Vereine, Initiativen, Unternehmen usw.
- eine Maßnahme *übertragbar* ist. Maßnahmen, welche durch ihre Transparenz, ihren vernetzenden Charakter usw. Vorbildcharakter haben, können zur Nachahmung und Verbreitung ähnlicher Projekte in anderen Regionen führen. Möglich wäre auch der Gedanke der Vermarktung von Maßnahmen.
- eine Maßnahme eine *positive Perspektive* besitzt. Die Aussichten auf eine Weiterführung der Maßnahme nach Beendigung z.B. finanzieller Zuschüsse erhöht deren Wirkungsgrad.
- eine Maßnahme der Gewinnung, Ausbildung und Qualifizierung von *Multiplikatoren* dient. Personen, welche sich schon länger und intensiv mit der Partizipation und Integration von Menschen mit Zuwanderungsgeschichte beschäftigen, sollten in Maßnahmen eingebunden sein und möglichst ihr Wissen an potentielle Multiplikatoren weitergeben.
- Spricht die Maßnahme einen übergreifenden Querschnitt an? Eine Maßnahme sollte möglichst einen übergreifenden Querschnitt (z.B. Wirtschaft, Kultur, Gesundheit, Soziales, Stadtentwicklung, Senioren, Familien, Frauen und Jugendliche) ansprechen, um möglichst viele Adressaten aus unterschiedlichen gesellschaftlichen Bereichen zu erreichen.

Davon ausgehend, dass Qualität die Überprüfung, ob die Anforderungen erfüllt wurden, impliziert, sollten zur Beurteilung von Maßnahmen zur interkulturellen Öffnung folgende Fragen leitend sein:

5. Umsetzung der Maßnahme:

Maßnahmen sollten auf ihre mögliche Wirkung auf gesellschaftliche Gleichstellung von MigrantInnen bzw. Menschen mit Zuwanderungsgeschichte und Mehrheitsgesellschaft hin überprüft werden:

* Wie wird bei personengemischten Maßnahmen sichergestellt, dass alle beteiligten Personengruppen gleichermaßen von der Maßnahme profitieren? Wird z.B. sichergestellt, dass die MigrantInnen nicht nur in einer passiven Rolle verbleiben?
  * In welcher Form werden die Bedürfnisse und Erwartungen der Personenkreise berücksichtigt?
    * Gibt es Angebote, welche sich gezielt an Interessen der MigrantInnen bzw. der Mehrheitsgesellschaft orientieren?
    * Wird in der Vermittlung von Inhalten das unterschiedliche Lernverhalten der Personenkreise berücksichtigt?
    * Sind die Zeiten und Räumlichkeiten der Maßnahme so gestaltet, dass MigrantInnen teilnehmen können (unterschiedliche Raum- und Zeitkonzepte!)
    * Durch welche Begleitmaßnahmen wird die Chancengleichheit der Maßnahme unterstützt?
    * Gibt es spezielle Foren, Informationsveranstaltungen oder Beratungen für die in der Maßnahme integrierten Personenkreise?
    * Werden z.B. gezielt Personen der jeweiligen Personengruppen als Vorbilder eingesetzt?
    * Wird sichergestellt, dass in den verwendeten Materialen keine diskriminierenden Formulieren oder Bilder verwendet werden?

6. Personal der Maßnahme:

Ein wesentlicher Aspekt der Verankerung einer interkulturellen Öffnung ist die Überprüfung der Personalstruktur. In einer Tabelle ließe sich die Struktur der Beschäftigen z.B. unter den Punkten:

Arbeitsfeld/Tätigkeit, Voll- od. Teilzeit/Umfang, Vergütungsgruppe/Honorar, Befristet/unbefristet beschäftigt, Beschäftigungsdauer, Weiterbildung usw. erfassen und auswerten.

- In wieweit ist sichergestellt, dass die entsprechenden MitarbeiterInnen über interkulturelle Kompetenz verfügen?
- Sind die Fachkräfte verpflichtet, an einer entsprechenden Fortbildung teilzunehmen?
- Werden Schulungen zu interkultureller Kompetenz für alle Beschäftigten durchgeführt?
- Kann nachgewiesen werden, dass auch Honorarkräfte bzw. angeworbene MultiplikatorInnen über die entsprechende Kompetenz verfügen (Praxis- oder Weiterbildungsnachweise)
- Ist eine entsprechende Qualifikation Einstellungskriterium?
- Gibt es einen Konsens im Mitarbeiterteam, dass die Zugehörigkeit zum Personenkreis mit bzw. ohne Zuwanderungsgeschichte ein wesentlicher Faktor in der Arbeit ist?
- Ist die Beziehungsarbeit als Arbeitsprinzip in allen beteiligten Personenkreisen verankert?
- Wie reflektieren MitarbeiterInnen Ihre Vorbildfunktion hinsichtlich interkultureller Offenheit?
- Wird bei allen schriftlichen Unterlagen auf den Verzicht ausschließender und/oder diskriminierender Formulierungen geachtet?

7. *Wie findet die Erfolgskontrolle/Evaluation einer Maßnahme statt?*

  - Schon bei der Planung einer Maßnahme sollte festgelegt werden, wie der Erfolg analysiert und evaluiert wird.
    - Wie soll überprüft werden, ob die angestrebten Ziele erreicht wurden?
    - Wie soll überprüft werde, ob die Gestaltung der Maßnahme den gleichen Zugang und die gleiche Teilhabe aller Personenkreise unterstützte?

- Wie kann der Erfolg nach Personengruppen differenziert überprüft werden (qualitativ und quantitativ)? TeilnehmerInnenzufriedenheit oder Abbruchquote können z.B. als Indikatoren für Erfolg oder Misserfolg gewertet werden.
- Werden alle Daten personenkreisspezifisch erhoben und ausgewertet?
- Wie werden die Evaluationsergebnisse weiter verwertet?

6. Abschließender Ausblick

Warum sollte es eine Sicherung der Qualität interkultureller Arbeit und notwendiger Integrationsarbeit geben? Diese Frage kann anhand einer häufig anzutreffenden Vorstellung beantwortet werden: Viele Menschen in Deutschland vertreten die Ansicht, dass wir (die Mehrheitsgesellschaft) die ausländischen Mitbewohner so nehmen müssen, so akzeptieren müssen, wie sie sind, und auch jene müssen die Deutschen so akzeptieren, wie sie sind.

Das ist an sich keine schlechte Einstellung, wenn diese Menschen nicht gleichzeitig der Meinung wären, dass wir uns auf einem gesellschaftlichen Pulverfass befinden. Nach der Meinung vieler geht die gegenseitige Akzeptanz zwar eine Weile gut, aber irgendwann wird eine Situation wie in Ex-Jugoslawien entstehen.

Diese pessimistische Haltung bestürzt zutiefst, da sie eine friedliche Existenz unserer Kinder oder Kindeskinder ausschließt bzw. Krieg für unumgänglich hält. Wenn Huntington Glauben geschenkt wird, so ist ein „Kampf der Kulturen" nahezu unumgänglich. Doch ist die Situation wirklich so aussichtslos?

Das gegenseitige Hinnehmen der Existenz andersartiger Menschen ist nicht ausreichend! Es genügt nicht, die Existenz der Anderen oder die

Andersartigkeit zu akzeptieren, wenn man nicht wirklich weiß, wie und warum die Anderen anders sind. Wenn man nichts voneinander weiß, können Vorurteile und Unverständnis wachsen und dies kann Konflikte heraufbeschwören, die eigentlich unnötig sind.

Wenn Menschen verschiedener Kulturen nur nebeneinander her leben, ohne sich gegenseitig zu kennen, ohne ein wirkliches Interesse aneinander, so kann dies zu Missverständnissen, zu Vorurteilen und zu Konflikten führen. Dies ist leicht nachzuvollzichen, wenn man an eine persönliche Beziehung denkt. Auch in persönlichen Beziehungen kommt es zu Konflikten und kann es zu einem Bruch kommen, wenn statt einem Miteinander ein Nebeneinander gelebt wird. Das ist im sozialen Miteinander nicht anders, nur dass das Konfliktpotenzial um ein vielfaches größer ist!

Um dem potentiellen Konflikt aus dem Weg zu gehen und ein Miteinander der Kulturen auf der Basis gegenseitigen Wissens und gegenseitigen Verständnisses zueinander aufzubauen, bedarf es neuer Wege und eines bewusst gesteuerten Integrationskonzepts.

Die derzeit schon vorhandene „kulturelle bunte Vielfalt" unserer Gesellschaft wird noch nicht *gelebt* und schon gar nicht *positiv erlebt.* Alle Beteiligten müssen, obgleich die multikulturelle Gesellschaft bereits gegeben ist, sich noch *für diese öffnen,* bevor sie ge- und erlebt werden kann!

Wenn wir uns geöffnet haben, sollten wir „lernen", mit der Vielfalt zu leben! Doch es muss ein beidseitiges Lernen sein! Deutsche sollten lernen, dass ausländische Mitmenschen ganz selbstverständlich zur Gesellschaft gehören – auch wenn sie andere Sitten, Religionsformen und Gebräuche leben. Die Mitbürger ausländischer Herkunft und mit andersartigem kulturellen Hintergrund sollten jedoch ebenfalls lernen, dass sie in einem Land leben, welches eine andere kulturelle Entwicklung hinter sich hat und diese kulturelle Identität nicht ignoriert werden sollte.

Die Orientierung des Integrationsprozesses an einem Qualitätsmanagementsystem erscheint als Möglichkeit, diesen Prozess sowohl makro- als auch mikro-prozessorientiert zu steuern. Insofern bietet es die Möglichkeit, das friedliche Miteinander aller innerhalb einer multikulturellen und multireligiösen deutschen Gesellschaft nachhaltig zu sichern.

Literaturnachweis

Ag-Iksa - Arbeitsgemeinschaft Interkulturelle Soziale Arbeit des Fachbereichstages Soziale Arbeit 2001: Sechs Thesen zur Interkulturellen Öffnung der Fachbereiche des Sozialwesens an den Fachhochschulen der Bundesrepublik Deutschland. Beschluss v. 27.04.2001

BBB Bericht der Beauftragten der Bundesregierung für Ausländerfragen über die Lage der Ausländer in der Bundesrepublik, Berlin 1997 sowie 2000

B&B Verlag für Sozialwirtschaft GmbH: DIN EN ISO 9001:2000 Einfach erklärt

Bericht der unabhängigen Kommission „Zuwanderung"

Berry, J.W.; Kim, U.; Boski, P.: Psychological acculturation of immigrants in Kim, Gudykunst (Hrsg.): Cross-cultural adaption: Current approaches, Newbury Park 1987, S. 62-89

Beuth Verlag: DIN EN ISO 9000:2000 Qualitätsmanagementsysteme, Grundlagen und Begriffe

Beuth Verlag: DIN EN ISO 9001:2000 Qualitätsmanagementsysteme, Anforderungen

Bierbrauer , G.: Konflikte und Vorurteile. Modelle interkulturellen Zusammenlebens in: Klinger, E.; Vossmann, E.; Gehring, H.; Bierbrauer, G.: Akkulturation und Konflikte bei türkischen Zuwanderern, Osnabrück 1996, S. 125-138

Birkenbihl, Vera F.: Signale des Körpers. Körpersignale verstehen, MVG, 1. Mai 2001

Bundesministerium für Bildung und Forschung: Grund- und Strukturdaten, Bonn 2000/2001

Eu-Richtlinie: „Zur Anwendung des Gleichbehandlungsgrundsatzes ohne Unterschied der Rasse oder der ethnischen Herkunft"

Sowie: „Zur Festlegung eines allgemeinen Rahmens für die Verwirklichung der Gleichbehandlung in Beschäftigung und Beruf"

Gaitanides, S.: Veränderte Aufgabenbestimmung der Migrationssozialarbeit und interkulturelle Öffnung der Regeldienste,

Gogolin, I.: Bildung und ausländische Familien. Expertise zum 6. Familienbericht, Berlin 1998

Johann, E., Michely H., Springer M.: Interkulturelle Pädagogik. Methodenhandbuch für sozial-pädagogische Berufe, Berlin 1998

Kanacher, B: Christliche und muslimische Identität. Anstöße für eine neue Verständigung, Münster 2003

Dieselbe: Interkulturelle Kompetenz als Qualitäts-standard Sozialer Arbeit in: Berufsregister für Soziale Arbeit e.V. (Hrsg.): Reader für Qualität und Qualitäts-sicherung 1.: Berufsregister: Gütesiegel der Sozialen Arbeit, Baden, Juni 2004

Kulbach, R.: Ideen für eine integrative Stadtpolitik, in: Friedrich Ebert Stiftung (Hrsg.) Integration und Konflikt – kommunale Handlungsfelder der Zu-wanderungspolitik, Bonn 1996

Losche, H.: Interkulturelle Kommunikation. Sammlung praktischer Spiele und Übungen, Augsburg 2000

Mehrländer u.a.: Repräsentativuntersuchung ´95. Situation der ausländischen Arbeitnehmer und ihrer Familienangehörigen in der Bundesrepublik Deutschland. Bundesministerium für Arbeit und Sozialordnung, Bonn 1996

Ministerium für Arbeit, Gesundheit und Soziales NRW: Kosten der Nichtintegration ausländischer Zu-wanderer, Düsseldorf 1996

Mückenberger, Tonsdorf: Gender Mainstream, Hannover 2001

Riesman, D.; Denney, R.; Glazer, N.: Die einsame Masse. Eine Untersuchung der Wandlung des amerikanischen Charakters, Darmstadt, Berlin, Neuwied 1956

Rotraut Alkonavi im Interview, Brigitte 2/2004, S. 42

Reiners, A.: P Praktische Erlebnispädagogik. Neue Sammlung motivierender Interaktionsspiele, München 1993

Schorb, Alfons O.: Pädagogisches Taschenlexikon a-z, Bochum, o.J.

Sennett, R.: „Der flexible Mensch"

taz-Artikel: Kopftuchstreit: Eine fahrlässige Debatte, taz Nr. 7295 vom 27.02.2004, Seite 11

Wahrlich, H. Wortlose Sprache – Verständnis und Missverständnis im Kulturkontakt. In: Thomas, A. (Hrsg.): Kulturstandards im Kulturkontakt. S. 13-40, Saarbrücken 1991

Waldhoff, H.-P.: Fremde und Zivilisierung, Frankfurt/ M. 1995

Wörterbuch: Hrsg.: Karl-Dieter Bünting, Chur/Schweiz 1996

Die Autorinnen

Funda Eberle - Güceli:

Funda Eberle – Güceli studierte Betriebswirtschaftslehre mit dem Schwerpunkt Öffentliche Wirtschaft und Gesundheitswesen in Mannheim. Nach ihrer Ausbildung zur Qualitätsmanagerin und Qualitäts-Auditorin hat sie als freiberuflich tätige Beraterin verschiedene Organisationen erfolgreich auf Ihrem Weg zur Zertifizierung nach der DIN EN ISO 9001:2000 begleitet. Seit 2002 ist sie durch die BVQI zertifizierte IRCA Lead-Auditorin. Sie ist als Dozentin für Qualitätsmanagement im Sozialwesen für verschiedene Bildungseinrichtungen und als Autorin für den B&B Verlag für Sozialwirtschaft tätig.

Dr. Britta Kanacher:

Britta Kanacher studierte Religionswissenschaft mit den Nebenfächern Erziehungswissenschaft und Soziologie in Marburg und Bonn. Sie promovierte im Fach Soziologie. Nach ihrer ehrenamtlichen Tätigkeit und mehrjährigen Vorstandsarbeit für das Bonner Institut für Migrationsforschung und Interkulturelles Lernen e.V. arbeitet sie heute als freiberufliche Dozentin im Bereich Persönlichkeitsbildung. Seit 2003 leitet sie das eigene Unternehmen: Kompetenz Center Interkulturelles e.K. welches in KCI – Kompetenz Center Inklusion(-ismus) umbenannt wurde.

Mehrere Buchveröffentlichungen!

Mehr Informationen unter:

www.britta-kanacher.de

www.kci-bonn.de

www.facebook.com/brittakanacher.de

E-Mail an die Autorin: kanacher@kci-bonn.de

B&B Verlag für Sozialwirtschaft GmbH - Kaiserslautern

Mit unserem erstmaligen Angebot in 2003 sind wir nun nicht mehr neu auf dem Markt. Tatsächlich wurde der Verlag schon 1997 gegründet - entstanden aus meiner persönlichen Erfahrung als Unternehmensberater und Bildungsreferent in der freien Wohlfahrtspflege.

Warum gibt es uns?

Bei der Aufbereitung von Seminarthemen ist immer wieder festzustellen, dass es zwar eine Vielzahl von Veröffentlichungen in der freien Wohlfahrtspflege und dem Gesundheitswesen gibt, jedoch Praxisnähe und konkrete Anwendungsmöglichkeiten oft zu wünschen lassen.

Meine über zwanzigjährige ehrenamtliche Tätigkeit in Wohlfahrtsorganisationen lehrte mich, dass die Praxis nicht nach wissenschaftlichen Abhandlungen ruft, sondern vielmehr direkt umsetzbarer Lösungen bedarf. Unabhängig davon, ob es sich um Rettungsdienst, Pflege oder andere Leistungsbereiche handelt.

Ich wünsche Ihnen allen viel Erfolg.

Mit freundlichem Gruß

Dipl.-Kfm. Ulli Braun

Folgende Leistungen können Sie von uns erwarten:

Fachbücher und Veröffentlichungen im Bereich der Sozialwirtschaft:

- Qualitätsmanagement
- Betriebsführung
- Controlling
- Kosten- und Leistungsrechnung

Unternehmensberatung:

- Einführung eines Qualitätsmanagentsystems und Begleitung bis zur Zertifizierung
- Wirtschaftlichkeitsanalysen
- Organisationsentwicklung

Inhouse Schulungen

Informationen unter : http://www.bundb-verlag.de/home.html

Das KCI-Kompetenz Center Inklusion(-ismus) mit Sitz in Bonn bietet:

- Seminare
- Persönliche Beratung
- Veröffentlichungen: Bücher, Artikel und Videoclips

Mit seiner Arbeit zur Förderung einschließenden Denken und Handelns leistet KCI einen Beitrag zur Orientierung und Professionalisierung hinsichtlich des Prinzips Inklusion(-ismus).

KCI setzt sich für Inklusion(-ismus) ein.

Inklusion kann zur

ideologischen und kulturellen

Lebenswirklichkeit

zu Inklusionismus werden

- dann wenn jede/r bei sich beginnt!

Machen Sie mit!

Frei nach dem Motto:

"Nicht den Tod sollte man fürchten,

sondern dass man nie beginnen wird

zu leben." (Marcus Aurelius)

Informationen unter: www.kci-bonn.de